블랙잭게임
(이론과 실무)

고택운 · 오수철 공저

BlackJack Game

백산출판사

머리말

1960년대 들어서 한국에 외국인전용 공인 위락시설로 카지노가 등장한 지 30여년이 되었지만, 내국인에게는 카지노가 공개되지 않아 관계자 등 일부계층을 제외하고는 별로 아려지지 않았다.

그리하여 소개할 만한 책이나 어떤 자료도 전무하였고, 심지어는 이런 게임을 주업으로 하는 여타의 카지노조차 이론을 바탕으로 한 어떤 교육자료조차 없이 오직 구전에 의존하여 카지노 실무자가 되도록 연수시키는 방법이 오늘날까지 통용되어 온 것이 사실이다.

이에 본 저자는 1992년에 그 동안의 경험과 수집한 자료를 바탕으로 "카지노 실무자 입문과정" "카지노 관리자 실무지침안내" 등의 책을 발간, O.J.T(On The Job Training)과정으로 블랙잭(Blackjack), 룰렛(Roulette), 바카라(Baccarat)에 대해서 카지노 입문 초보자를 위해 정리하여 소개한 바 있다.

이 교육자료로 카지노의 많은 실무자가 소정의 교육과정을 통하여 실무에 종사하고 있지만 아쉬움이 많았던 것이 사실이다.

그 동안에 교육경험으로 얻어낸 결론은 Plat(게임)을 아는 것만으로는 충분치 않다는 것을 절감하게 되었음을 강조하고 싶다. 물론 불필요한 수학과 복잡한 전략같은 것은 갬블링이라는 특수성 때문에 예측할 수 있는 정답이 나올 수는 없지만, 분명히 모든 게임은 수학적 원리에 기초를 두고 있으며, 이 이론을 바탕으로 실기가 이루어져야 된다는 것이다.

적어도 카지노의 게임론을 연구하는 학생이나 직업으로 선택한 카지노 실무자는 기초적인 이론정도는 숙지하고 있어야 하는 것이 상식적이고 필수적이라 할 것이다.

1994년도에 카지노업이 관광진흥법상의 관광사업의 일종으로 포함되면서 카지노는 국민들로부터 관심을 받게 되었으며, 특히 강원도 폐광지역에 내국인 출입 카지노가 허가되면서 더욱 관심이 높아지고 있는 추세에 있다. 또한 2년제 대학에 카지노경영과 신설과 4년제 대학에 카지노 학과목 개설이 증가추세에 있어 카지노게임에 대한 이론과 실무교재가 필요하게 되었다.

따라서 게임의 규칙을 배우고, 기초적인 전략을 익힌 다음 그 전략을 숙련시켜 기술적으로 전개하는 것이 게임을 배우는 목적이다. 이에 복잡한 수학능력 즉 확률론을 제외한 기초적인 이론과 실무를 소개하였다.

본서는 제1편 블랙잭게임 이론편, 제2편 블랙잭게임 실무편 및 딜러로서 갖추어야 할 매너 등으로 구성하였다.

본서의 출판을 쾌히 승낙해 주신 백산출판사 진욱상 사장님과 백산출판사 직원 모두에게 감사드립니다.

2000. 7.   .

저 자 씀

Contents

Contents
CONTENTS

Contents

Contents

제2편 **블랙잭(BLACKJACK)게임의 실무**

제1편
블랙잭(BLACKJACK) 게임의 이론

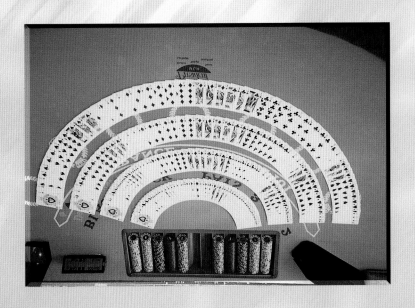

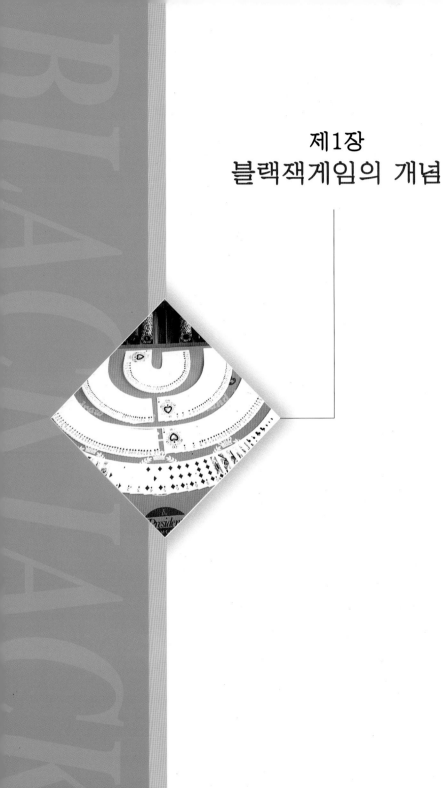

제1장
블랙잭게임의 개념

제 1 장

블랙잭(BLACKJACK)게임의 개념

카 지노의 많은 고객들은 테이블에서 진행되는 게임을 선호한다. 그리고 여러 종류의 테이블 게임 중에 블랙잭(일명21Game)을 가장 좋아한다. 카지노 게임 하면 블랙잭을 연상할 만큼 카지노의 대명사처럼 일컬어지며 전 세계 카지노 테이블 게임의 60%를 차지하고 있다.

여타 다른 테이블 게임은 게임별로 지역적 민족기질 등으로 선호를 달리하고 있다. 실례로 유럽인은 룰렛을, 미국인은 크랩스, 아시안은 바카라를 선호하는 등 세계적으로 선호 분포도를 달리하고 있지만, 블랙잭 게임만은 세계 공통적으로 선호하는 게임으로 가히 카지노의 중요한(main) 게임이라고 할 수 있겠다. 따라서 게임자가 카지노에 접근하는 첫 과정의 게임이라고 생각된다. 카지노게임에 접근하는 모든 초보자(카지노 실무자 및 게임자)가 선택하는 테이블 게임은 당연히 블랙잭 게임부터가 되어야 할 것이며, 선택된 블랙잭 게임의 모든 것에 대한 기초적인 방법과 전략을 배우는 것은 필수적인 것이다.

1. 블랙잭의 역사

블랙잭 게임은 게임 이전에 제2차 세계대전 중 병사들 사이에서 포커보다 더 대중화되었던 가장 잘 알려진 카드게임이다. 제2차 세계대전 중의 병사들은 다른 게임보다 블랙잭 게임을 많이 즐겨 오늘날 블랙잭 게임의 시발점이 되었다.

역사적 고찰을 더듬어 보면 일찍이 블랙잭 원리에 관한 토론 및 연구가 포커, 진러미와 더불어 학문적으로 전개되었다. 그러나 이탈리아, 프랑스, 스페인 등에서는 이를 학문적 연구로 받아들이지 않았으며, 특히 프랑스에서는 Vingt-um(프랑스식 21)과 Trente et Quarante(30과 40)의 상통하는 관계라고 주장하였고, 스페인 사람들은 그것을 그들의 1과 30을 적용한 것이라고 말했다. 또한 이탈리아에서는 그들의 바카라와 Seven and a half(7과 1/2) 게임을 부분적으로 변형하여 모방한 것이라고 주장하였다.

아무튼 이들 게임의 구조는 블랙잭 게임구조에 가장 근접한 것이라고 말할 수 있다. 특히 블랙잭의 "21", 바카라의 "9", Seven and a half의 "7과 1/2", 이들 3가지 게임의 기본구조는 동일하다. 여기서 Seven and a half에 대해서 간단히 설명한다면 이 게임은 40장의 카드를 사용하며 8, 9, 10, suit는 포함하지 않는다.

그림 카드는 Half로 count되며 다른 나머지 카드는 표시된 숫자대로 count된다. Diamond의 King은 wild card로 쓰여지며 어떤 숫자로도 사용될 수 있다. player가 7과 1/2에 접근하려고 노력하는데 주어진 카드의 합이 "8"이거나 그 이상이 되었을 때에는 블랙잭에서 "21"이 넘었을 때와 똑같이 Bust가 된다.

다른 어떤 게임보다도 블랙잭의 선구적인 역할을 한 것이 Seven and a half라고 믿고 있으며, 또한 카지노 스타일의 블랙잭 게임의 대중화된 이유라고 말할 수 있다.

블랙잭의 기본원칙은 총합 "21"에 도달하기 위해 카드 숫자를 더해가는 간단한 게임이다. 그것에 유사한 게임들이 존재해 왔으며, 영국에서는 유명한 가족인 왕족, 후작 등이 왕궁에서 게임을 즐겼으며 이들은 "15"에 접근하고자 하는데 그 목적을 두었다. 게임중에서 딜러가 그들의 표정을 쳐다보는 것으로부터 피하기 위해 가끔 가면을 착용하고 게임을 즐기기도 했다.

일찍이 알려진 스페인 게임중 하나인 1과 30의 참고자료는 1570년 출판된 "The Comical History of Rinconete and Cortadillo"에 기술되어 있으며, 1875년 카드놀이에 관한 서적에는 블랙잭이 Vingt-un으로 30년 후에는 Vingt-et-un으로 불리어졌고, 호주에 거주하는 프랑스인들은 이를 "Pontoon"으로 불렀으며 "21"에 접근하고자 하는 기본원칙은 동일하였다.

블랙잭의 역사적 고찰을 통해보면 1915년까지는 오늘날의 블랙잭 게임이 없었다는 사실이 입증되었다. 따라서 1915년이후에 오늘날의 카지노 카드게임인 블랙잭 게임이 완성되었다.

2. 다른 테이블 게임과의 비교

다른 테이블 게임과는 어떻게 다른지 비교해 보자. 크랩스와 바카라는 단기
간에는 흥미가 있지만, 장기적으로 가면 희박한 승률 때문에 지루하게 되어 흥
미를 잃어버리는 경우가 많다. 또한 슬러트머신(Slot machine), 키노
(Kino), 빙고(Bingo) 비슷한 게임 그리고 룰렛은 거의 확실하게 느슨하게 되
는 게임으로, 다시 말해서 불확실한 공산(Probability)만으로 하는 게임이다.

카지노에서 강좌(Gambling Class)없이 누구나 할 수 있는 게임이 있다면
슬러트머신을 말할 수 있다(주:한국에서는 카지노 하면 슬러트머신을 연관시키는 게 대
부분의 사람들에게 인식되어 있다. 왜냐하면 외국의 카지노의 경우에는 슬러트머신과 테이블
게임을 병행하여 운영하는 바, 국내 카지노도 외국 카지노와 같을 것이라는 추측으로 카지노
업과 슬러트머신(Slot Machine)이 구분되어 있는 현실을 모르고 있기 때문이다).

그러나 최소한 즐기기 위한 목적이 아니라면 슬러트머신을 하기 위해서는
비싼 값을 치루어야 할 것이다. 왜냐하면 슬러트머신은 카지노에 10%의 이율
을 배당하기 때문이다. 그러나 블랙잭 게임은 우선 배우기가 적당하고, 기본전
략만 정복한다면 카지노 이율배당을 줄일 수 있을 것이다. 이 뜻은 블랙잭 게
임자의 기술과 의지에 따라 카지노 이율 증감에 영향을 줄 수 있다는 것이다.

3. 블랙잭(Blackjack)게임의 학습

많은 카지노에서는 고객(초보자)을 위해 Gambling Class를 제공하고 있
다. 한마디로 블랙잭이라는 게임이 무엇인가, 어떠한 방법으로 진행되어지는
지 과정만 설명하여 주는 안내강좌이다. 일반적으로 게임자들은 이 강좌를 통
해 블랙잭 게임을 진행할 수 있는 기초적인 방법과 규칙을 배우게 되며, 또는
친구나 이 게임을 먼저 배운 자로부터 전수받는 것이 통상적이다. 그러나 위의
방법 중 친구나 먼저 배운 자로부터 배우는 것은 가르치는 자의 나름대로 정립
한 하나의 가설인 바, 그것이 곧 블랙잭 이론이라고 생각한다면 자칫 위험에
빠질 수 있음을 알아야 하겠다.

실무자(Executive) 즉 게임을 수행하는 자(Dealer)는 특별히 고안되어진
교육과정(기초 및 진행 이론 그리고 실습)을 통하여 연수되어진다. 모든 Gambling

이 그러하듯이 책이나 언어만으로 설명이 충분치 않으며, 그나마 국내에는 카지노게임을 정확히 이해시킬 수 있는 책자가 전무하기에 국내인에게는 카지노게임을 소개할 기회조차 없어 생소하게 느껴지는 것은 당연할지라도 잘못 인식되어 게임의 공정성까지 의심하게 되었음은 유감스러운 사실이다. 외국인 (카지노에 입증하여 게임 할 수 있는 자격이 있는 자)들은 카지노가 제공한 간단한 게임 안내책자나 게임을 배우고자 하는 업소 입장객에게 직접시범(Showing an example)으로 보여주는 Gambling Class를 통하여 배우게 된다. 최근에는 비디오 테이프로 된 해설집이 있어 이를 통해 배우는 경우도 있다.

그러나 많은 카지노 고객 중 특히 초보자들은 카지노게임에 접근하기를 원하면서도 두려워하고 있기 때문에 어떻게 접근시킬 것이며, 게임자들이 거부감 없이 게임을 하는 방법을 어떻게 가르칠 것인지 수십년간 카지노는 이 문제를 해결하기 위해 고심해 왔다는 것이 주목할 만한 점이다.

블랙잭게임은 게임자와 게임자 간의 대결이 아니라 게임자와 House (Dealer)와의 승부이다. 따라서 어떤 게임자가 개인욕망을 충족하고자 기초적인 기본전략을 무시하는 것을 보았을 때 이로 인해 House에게 이득이 되었다면 상대적으로 모든 게임자에게 불이익을 초래하는 결과가 되어 다른 게임자에게 비난의 대상이 된다.

이러한 사실이 다른 게임자의 게임을 방해하는 결정적 역할이 되는 것이 두려워 초보자들이 블랙잭 게임을 기피하는 경향이 있다. 특히 여성이나 기성세대 즉 노령측이 겁내어 사람들 앞에서 실수를 저지르지는 않을까, 혹은 어설픈 솜씨를 다른 사람들 앞에 보이는 자체가 싫어서 게임하기를 주저하게 된다.

따라서 본서는 블랙잭게임에 입문하는 학생이나 카지노 실무자가 되든, 게임자가 되든, 이 교본의 초기전략·전술을 통하여 자신감을 가질 수 있도록 기술을 소개하였다. 그러나 아무리 좋은 이론과 기술이 소개되었더라도 자기의 것으로 만들려는 의지가 뒤따르는 훈련이 없다면 블랙잭 전문가가 될 수는 없을 것이다.

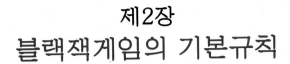

제2장
블랙잭게임의 기본규칙

BLACKJACK 게임의 기본규칙

블랙잭 게임은 시중에서 흔히 볼 수 없는 카드 한 벌(52장, Joker 제외)을 가지고 진행되는데, 카지노를 대신하여 딜러가 7명의 참가자들과 게임을 하게 된다. 이에 카드는 카지노가 정하는 바에 따라 1, 2, 4, 6벌 등을 사용할 수 있다. 딜러의 행위는 엄격한 게임법칙을 기초로 한 것이다.

어떠한 다른 기술이 필요하지 않으므로 기계적이라 할 수 있다. 여기에 카지노의 속임수를 우려한다면 그것은 카지노의 존재에 관한 문제이며, 카지노도 정당한 수입을 추구하고 있으므로 그런 속임수는 걱정할 만한 일이 아니다. 딜러의 손이나 또는 카드가 들어있는 기구인 'Shoe'로부터 모든 게임자와 딜러에게 각각 두 장의 카드가 주어진다. 이때 딜러의 카드 한 장은 게임자에게 보여진다(Showing).

1. 블랙잭게임의 목적

블랙잭 게임의 목적은 카드의 합이 21점이 되거나, 딜러보다 먼저 최대한 21점에 가깝게 만드는 것이다. 숫자가 기입된 카드는 그 숫자대로 계산하고, 그림이 그려진 카드 즉 J, Q, K는 그림에 관계없이 모두 10점으로 계산한다. 특히 Ace는 1점 또는 11점으로 계산되는데, 어떤 점수가 21점을 만드는데 유리한가에 따라 사용한다. 그림은 별다른 의미가 없다.

예를 들면, 6-카드와 Queen-카드의 합은 16점이며 두 개의 어떤 그림카드(Picture Card)는 합이 20점이다. 게임자는 최초의 2장의 카드 외에 Stay/Stand라는 신호를 딜러에게 줄 때까지 계속해서 카드를 받을 수 있다. 만일 게임자가 계속해서 카드를 받아 21점을 넘겼을 때에는 자동적으로 Bust(진 패)되어 그 게임에서 패하게 된다. One Deck Hand Dealing일 때에는 카드를 배팅한 구역과 딜러 사이의 공간에 던져 딜러에게 Bust임을 알린다. 그러면 딜러는 Bust된 카드와 Wager(판돈)를 다음 게임 진행 전에 거두어들인다(Collect). Shoe Dealing에서 카드는 앞면(Face Up)으로 나뉘어지는데, 이때 게임자가 카드를 만져서는 안된다.

게임자가 모든 카드를 보유하여 게임을 계속 진행할 경우 딜러는 자신의 Bottom Card(바닥 패)를 앞면으로 뒤집고 카드 두 장의 합을 알려 주며, 두 장의 합이 16점 이하이면 카드를 받고 17점 이상이면 Stand한다. 게임 진행 과정에서 딜러가 Bust이면 게임자가 자동적으로 이긴다.

그러나 딜러가 17점과 21점 사이의 점수라면 21점에 더 가까운 점수를 지닌 Hand가 이기게 된다. 또한 딜러와 게임자가 같은 점수이면 동점으로 이를 Push(or Tie)라고 한다.

이 경우 특별한 규정이 없으며 다음 게임에서 게임자의 자유의사로 Betting 된 금액을 조정한다. 이때 이겼다거나(Win), Push일 때만 게임자는 자신의 Wager를 만질 수 있다. 그렇지 않을 경우 게임자는 자신의 Wager이라도 손을 대어서는 안된다. 카지노에서는 개인의 사사로운 행위(Gambling Table Manner)가 주목받고 있으며, 규제된다. 지금까지 대략적인 블랙잭 게임에 대해 알아보았다. 어떤 숫자에 이르렀을 때 Stand해야 하는가에 대해서는 후에 자세히 공부하기로 하고, 그때 모든 숫자의 조합도 자세히 다루게 될 것이다.

2. 블랙잭의 배당금 (Blackjack Pay)

블랙잭 게임에서 블랙잭이 되면 150%(1.5배)의 배당금을 받는다. 게임자가 게임에서 이겼을 때 모든 Wager에 대해 배수의 배당금을 받는다(Even Pay). 예를 들면, 게임자가 $5를 걸어서 이겼다면 $5의 배당금을 받아 원금(Original Bet)과 합쳐 $10.00을 가져온다.

최초의 두 장에서 각각 10-카드와 Ace를 받았다면 21점이 되는데 이것을 블랙잭이라 부른다. 이때 배당금은 150%가 되면 게임자가 $7.5의 배당금을 받아 원금과 합쳐 $12.5를 가져온다. 그러나 딜러의 처음 배당된 두 장의 카드가 블랙잭이면 모두 동시에 블랙잭이 되어 Push이다.

3. Insurance (보험)

Insurance는 Lose 한 Wager를 보상받을 수 있는 유일한 보험제도이다. 딜러의 Showing 카드가 Ace 일 때 딜러는 게임자에게 Insurance를 선택할 것인지를 묻는다. 게임자가 Insurance를 택할 경우 원금의 반이하 추가로 걸 수 있다. 이는 딜러의 바닥 카드가 10점에 해당할 것이라는 가정 하에, 즉 블랙잭이 될 승률이 높을 때 이루어진다.

만일 딜러가 블랙잭이면 게임자는 Insurance금액의 두 배를 받게 되나, 원금은 Lose하게 되므로 결국 원금에 보험으로 얹은 금액의 합과 동일한 배당금이 되어 득실 없는 금액(Even Money)이 된다.

4. SPLIT (스프리트)

Split는 숫자가 동일한 카드 즉 동점카드가 되었을 때 본인에게 유리한가 불리한가에 따라 결정해야 한다. 이는 본서의 후미인 초기전략 편에서 Open된 딜러의 핸드와 연계하여 모든 숫자의 조합과 게임자의 선택조건 등에서 자세히 다루기로 하자.

그러나 분명히 알아야 할 두 가지 기본적인 규칙(이것을 게임자의 기초전략이라 한다)이 있다. 이는 두 장의 10점 카드(혹은 그림카드)와 두 장의 5점 카드는 Split하지 않으며, 두 장의 Ace카드와 두 장의 8점 카드는 Split하는 것이다.

블랙잭 테이블에서 게임자는 이 정도의 상식과 규칙을 이해해야 하겠다.

Hidden Game에서 게임자가 Split를 원할 때에는 카드를 Open시켜 딜러 쪽을 향해서 Wager의 뒤쪽에 내려놓은 다음 원금과 동등한 금액을 건다. Open Game인 경우에는 원금과 동등한 금액을 Betting Area에 그냥 놓기만 하면 된다. 왜냐하면 우리가 이미 아는 바와 같이 Hidden Game의 경우에는 게임자가 카드를 손에 잡은 상태였고 Open Game의 경우에는 카드가 항상 Betting지역에 머물러 있기 때문이다.

딜러는 게임자가 Split를 원할 때 Split된 각각의 카드에 한 장씩 더 딜링한다. 이것은 두 개의 Hand를 잡고 게임을 하게 되는 것이다. 그러나 모든 카지노에서는 Ace카드에 대해서 단 한 번의 Split를 허용하는 규칙을 정해 놓고 있으며 Split된 Ace카드는 단 한 장의 카드만 받게 되어 있다. 이런 규칙과 무관하게 Ace카드의 Split는 게임자에게 유리하므로 대부분의 게임자는 Ace를 Split한다.

① Ace 카드

(split 전)

(split 후)

② 기타 카드 (Ace 제외)

(split 전)

(split 후)

5. DOUBLE DOWN (더블다운)

Double Down이란 게임자의 능력으로 확률을 높일 수 있는가를 생각할 수 있는 선택사항으로 처음 두 장의 카드 상태에서 원금만큼의 금액을 더 걸고 한 장의 카드를 받는 것이다. 이때 Hit의 기회는 단 한 번뿐이다. 게임자가 Double Down을 할 적절한 경우는 자신의 카드 숫자 합계가 10점이거나 11점이며, 보통 딜러의 Open 카드가 낮은 상태이다(2,3,4,5,6).

예를 들어 위의 경우 다음에 배당될 카드가 10-카드라면 게임자 카드는 합이 20점 내지 21점의 높은 점수를 만들 수 있으며 8-카드 내지 9-카드라도 최소한 17점 이상의 점수를 만들 수 있다.

이미 위에서 지적했듯이 5-Pair카드를 Split할 때보다 두 장의 5-카드를 10점으로 사용하여 Double Down한다면 이길 확률이 더 높다고 하겠다. 이 글 후미에 Double Down에 대해 기초전략과 선택사항에 대해 다시 논하기로 하겠지만, 우선 게임자가 언제 Double Down을 하고 안 하는지 정확히 알아야 하겠다.

카지노 업계는 업소별 특성을 살려 상품화하는데 목적이 있으므로 게임방법을 통일화(표준화)하는 데는 많은 노력을 기울이지 않는다. 따라서 Double Down은 각 카지노마다 규칙이 다르고 다양하다고 볼 수 있다.

어떤 곳에서는 9점, 10점이나 11점인 경우에만 Double Down을 인정하고 또 다른 곳에서는 모든 숫자(Any Two Card)에 Double Down을 허용하는데 게임자에게는 후자의 방법에 Advantage가 있다.

대부분의 카지노는 서로 다른 방법으로 필요에 따라 변화시키고 있는데 이

(double down 전)

(double down 후)

는 카지노가 갖고 있는 장점이기도 하다. 따라서 카지노는 게임 Manual을 계시하고 있다. 게임자는 게임 시작 전에 규칙에 관해 문의하고 확인하는 것이 좋다.

6. SURRENDER (써렌더)

Surrender는 게임자에게 블랙잭게임(B/J게임)이 제공하는 최상의 Advantage 인 것이다. 최근까지 카지노에서는 많은 게임자가 점차 B/J게임의 흐름을 리드할 수 있는 예리함을 갖추게 되자 이 룰을 제공하거나 허용치 않았다(현재도 라스베가스는 허용치 않음). 그 이유는 Surrender가 카지노에 주는 반사적 이익이 없는 룰이라고 판단되었기 때문이다.

그러나 지금은 Surrender option(게임의 포기를 선택할 수 있는 권리)을 수많은 게임참가자를 B/J테이블에 유도하는 경쟁력 수단으로 허용하여 카지노마다 이 룰을 장려하고 있는 추세이다.

Surrender는 처음 두 장의 카드 상태에서 게임자가 그 핸드로 이기기 어렵다고 판단될 경우 그 핸드를 포기함으로써 이루어진다. 게임자가 Surrender 의사표시를 딜러에게 보이면 딜러는 게임자의 원금의 반을 가져간다.

다시 말하며 게임자의 처음 두 장의 카드에서 이길 확률이 없다고 판단될 경우 더 이상의 추가 카드와 그 핸드를 포기함으로 원금의 반만을 잃게 하는 것이다. 하지만 예외적으로 딜러가 블랙잭일 때는 허용되지 않는다.

따라서 Surrender를 선택하려면 딜러의 Open카드가 Ace카드가 아니어야 한다. 단, 카지노업체에 따라 Open카드가 Ace카드일 때 써렌더가 가능하면 Ace일 때 딜러는 Hole카드를 확인할 때까지 기다린 다음 써렌더해야 하며, 만일 딜러의 핸드가 블랙잭이면 써렌더없이 모든 Wager를 잃게되며 그 게임(Round)은 거기서 끝난다.

게임자의 핸드가 Ace라면 게임자는 Soft Hand 와 Hard Hand 두 가지로 사용할 수 있다. Soft Hand 란 Ace를 11점으로, Hard Hand 는 1점으로 사용하는 것을 말한다. 예를 들어 Ace와 6-카드의 핸드라면 Soft Hand로는 17점, Hard Hand 로는 7점이다. 이때 게임자는 딜러의 Open카드를 고려하여 자신에게 유리한 쪽을 선택한다.

자주 일어나지 않지만 Soft 17, 18, 19의 상태에서 Hit 또는 Stand를 결정해야 하는 경우가 있다. 보통 Soft 20점이면 Stand한다. 여기서 주목할 점은 Soft 17점 상태에서 카드를 받아도 Bust가 되지 않고 Hand 17점이 된다는 것이다. 그리고 카지노에서 허용한다면 딜러의 Open카드를 신중히 고려하여 Double Down도 할 수 있다.

이 글 서두에서 딜러는 16점에서 카드 한 장을 받아야 하며(Must Draw) 17점에서는 Stand한다고 언급하였다. 라스베가스 쪽의 기본적인 규칙은 그러하나 네바다 북쪽이나 라스베가스의 다운타운에서는 딜러가 Soft 17일 경우도 Hit하도록 되어 있는데 이는 게임자에게는 불리한 규칙이다.

반면에 Hard, Soft 17에서 모두 Stand하도록 규정되어 있다면 이는 게임자에게 유리하다. 지금까지의 내용을 다시 한번 반복한 후 규칙에 대해 이해하고 최종적으로 Hit, Stand, Split, Double Down, Surrender의 선택사항에 대해 점검하고 다음으로 넘어가도록 한다.

제3장
블랙잭게임의 기본전략

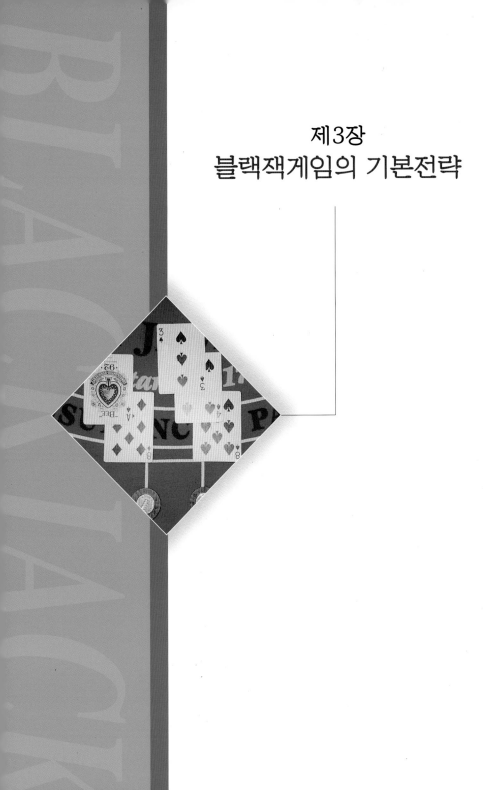

BLACKJACK 게임의 기본전략

도 표를 보기 전에 몇 가지의 상식을 적용하여 그 속에 포함된 의미를 이 해할 수 있는지 살펴보도록 하자. 그것들이 어떻게 적용되는지를 여러 분들이 이해한다면 훨씬 더 쉬운 전략들을 습득할 수 있을 것이다.

1. STIFF AND PAT HANDS

먼저 Bust의 가능성이 있는 패를 Stiffs 와 동일하다고 보자. 그리고 그것은 적절한 용어이다. 딜러가 게임자에게 12, 13, 14, 15 혹은 16을 주었을 때 게 임자는 Stiffed 된다. 게임자가 15혹은 16을 잡았다면 가장 어려운 최악의 두 가지 중 하나를 받은 것이다.

특히 딜러의 보여지게 되어 있는 카드(Face Up Card)가 7 혹은 그보다 높 으면 더욱 그렇다. 게임자가 가진 카드의 합계가 17, 18, 19 혹은 20이라면 그것은 Pat Hand 이다. 17과 18은 Stand하기에 충분할지라도 이 게임의 최 상은 블랙잭 20, 19이어야 할 것이다.

2. 게임자가 먼저 카드를 받는다(Player Draws First).

우리가 지금 게임의 목적과 방법들을 이해한다면 카지노의 가장 큰 이익은 게임자가 딜러보다 먼저 카드를 받아야 한다는 사실이다. 이 단순한 사실이 카 지노(House)에 7%의 Advantage를 준다는 것을 설명해 준다. 그래서 이러 한 문제에 경험이 없는 많은 게임자들은 Bust의 두려움 때문에 Stiff Hand에 대하여 결코 Hit하지 않으려고 하고 이는 카지노에 약 3%의 이율의 가치를 주는 것이다.

*카지노에서 블랙잭 지불금을 3 To 2로 한 이후 B/J 테이블(House) 이율이 7%에서 5%로 감소되었으며 게임자의 기본전략은 약 0.5% B/J 테이블Advantage를 감소시키는 효과가 있다.

3. 좋은 카드와 나쁜 카드(Good Card And Bad Card)

이제 여러분들이 게임자를 위하여 좋은 카드와 나쁜 카드를 식별할 수 있는지 알아보도록 하자. 이것은 중요한 일이니 그것에 관하여 생각해 보자. 모든 10-카드는 20을 만드는데 도움을 주며 만약 Ace가 나오면 블랙잭을 만들어 줄 수 있기 때문에 좋다는 것은 명백한 것 같다. 그러면 2, 3, 4, 5 와 6에 대해서는 어떠한가?

이들은 좋지 않은 Stiff Hand도 개선시킬 수 있다는 것이다. 그러나 일반적으로 실제 이런 카드는 좋지 않다고들 생각한다. 이 게임에 조금 익숙해져 Deck에 남아 있는 10-카드와 2, 3, 4, 5, 6카드가 얼마나 남아 있는가, 얼마만큼 살피느냐를 근거로 결정하는 것이 계산의 목적이 된다. 또한 10-카드와 낮은 카드들 사이의 비율이 높을 때에는 게임자에게 유리한 측면이 있고, Deck에 낮은 카드가 많이 남아 있다면 딜러의 Advantage비율이 높다.

4. 딜러의 UP-CARD 에 의존하는 게임자의 기본전략

다음의 도표를 보면 게임자의 전략은 게임자가 가진 Total Hand (토탈 핸드)와 딜러의 Up-Card(Showing Card)에 의존한다는 것을 알 수 있다. Multiple- Deck 게임은 제한 정도에 따라 비율과 전략에 영향을 미칠 수 있으므로 게임자보다 딜러에게 유리한 면이 있다고 볼 수 있다.

5. STIFFS 에 대한 HIT OR STAND 전략

게임자는 17 혹은 그 이상일 경우에 항상 Stand 한다. Stiff를 가진 경우 Hit 혹은 Stand에 대한 게임자의 전략이라는 것은 굉장히 단순하다. 딜러가 7 혹은 그보다 높은 경우에 게임자는 항상 Hit하며 게임자의 핸드가 12점일 때를 제외하고 딜러가 6 혹은 그보다 적은 경우에는 항상 Stand할 것이다. 왜냐하면 딜러는(Ace-6 제외) Pat Hand를 갖지 못하기 때문에 Bust될 가능성이 높기 때문이다. 또한 게임자의 핸드가 17 혹은 그보다 높을 때에는 Stand할 것이다. 이때 Hit하는 게임자가 있다면 이는 경계대상이 될 수 있다(이는 블랙잭에 대한 지식이 전혀 없거나 다음에 올 카드를 알고 있다는 것이 된다). 게임자의 핸드가 11 혹은 그보다 적은 경우에는 게임자의 카드를 Open시켜보아야 한다(Hand Dealing Table에서).

카드에 따라서 게임자는 Double Down 혹은 Split를 할 수 있으며 최소한의 경우 Hit할 수 있기 때문이다. 추가로 말하자면 Hit와 Stand 규칙은 게임자의 원래의 핸드가 딜러의 Up-Card 10에 대해 10-4일 경우에는 게임자는 Hit한다. Hit를 해서 2를 받아 16이 되었다면 도표에 따라 게임자는 Hit를 계속할 것이다. 물론 게임자가 처음부터 나쁜 카드를 받는다면 불리하겠으나 게임자의 정확한 Hit와 Stand 전략은 약 2.5% 카지노 Favor를 줄일 수 있기에 역시 중요한 것은 상대편의 비율을 줄이는 것이다. 이미 언급한 바와 같이 이 게임은 카지노(House)가 어떻게 할 수 있는 것이 아니고 오로지 게임자의 의지와 결정에 따라 서로의 이익에 증감이 있음을 알 수 있다.(표-1 참조)

〔표-1〕

PLAYER'S HARD HAND	DEALER'S UP - CARD									
	2	3	4	5	6	7	8	9	10	A
16										
15										
14	S	T	A	N	D		H	I	T	
13										
12	H	IT								

6. HARD DOUBLE DOWN 전략

게임자는 딜러의 Up-Card에 관계없이 11에서 항상 Double Down한다고 생각하면 된다. 10에서의 Double Down은 딜러의 Up-Card가 9 혹은 그보다

낮을 경우에 한해 안전하게 행해지고 딜러의 Up-Card가 10 혹은 Ace라면 상당한 위험이 있을 것이다. 얄궂게도 9에 대한 규칙에 대해서는 전문가에 따라 다르다. 이 도표에 따르면 딜러의 Up-Card가 3, 4, 5, 6일 경우에 9에서 Double Down을 해야 한다.

그러나 이 도표는 Double Down이 10 혹은 11에서만 허용되는 카지노(특히 네바다 州 및 카리브 연안국)에서는 무의미한 것이다. 또한 Split 후의 Double Down도 많은 카지노에서 제한되고 있으며, 특별한 곳에서는 게임자가 게임을 하기 전에 필요한 규칙에 대해 확인과 이해를 요구하고 있다. Hard Double Down(그리고 Soft Double)에 대한 게임자의 적절한 전략은 카지노 이익의 비율을 약 1.5% 정도 줄일 수 있다고 한다(표-2 참고).

〔표-2〕

PLAYER'S HARD HAND	DEALER'S UP - CARD								
	2	3	4	5	6	7	8	9	10	A
11		D	O	U	B	L	E			
10				D	O	W	N			
9					H	I	T			

7. SPLITTING 전략

Split Hand에 대한 대부분의 전략은 이해하기 어렵게 정의되어 있기에 블랙잭에 접근하는 게임자에게는 그것을 기억해 내기가 상당히 어려우며 사실 기본전략에서 게임자가 실수하는 경우가 많아 상대적으로 카지노(House)에 이익을 안겨준다. 따라서 여기에서는 정확성은 조금 떨어지지만 누구나 쉽게 기억할 수 있도록 단순화하였다. 게임자의 정확한 Split를 받는 전체적인 이익(게임자 중 가장 적음)은 0.5% 미만이기 때문에 특별히 주의할 필요는 없다.

다만, 여기서는 복잡한 전략에 대해 단순화하였으며 최소한 블랙잭 게임자라면 이 정도의 기본전략은 갖추라는 확신 아래 전개한 것이다. 다음은 게임자가 갖추고 있는 특별한 Split전략이다. Ace와 8은 항상 Split한다. 10, 5, 4의 경우에는 Split하지 않는다. 5-5일 때에는 10으로 놓고 Double Down전략을 사용한다. 딜러의 Up-Card가 9 혹은 그 이하일 경우에는 Double Down을 하고 그렇지 않을 때는 Hit한다.

8. 게임자의 SOFT HAND 전략

게임자는 Soft 19와 20에서 Stand 한다. 이것은 딜러의 Up-Card에 관계없이 좋은 Hand이기 때문이다. Soft 13에서 18까지는 딜러의 Up-Card가 4, 5, 6일 경우에는(허용된다면) Double Down한다.

그 이외의 13-17까지는 Hit한다. Soft 18은 선택이 세 가지 있기에 딜러의 Up-Card가 4, 5, 6일 경우에는 Double Down하고, 9, 10, Ace일 경우에는 Hit한다. 여기에서 결정하기 어려운 경우에는 딜러의 Up-Card가 9 혹은 그보다 높은 경우에 게임자의 Soft 18일 것이다. 어떻게 해야 할지는 게임자의 판단에 달려 있지만 단 한 번의 Hit로 어떤 Split Hand도 Bust될 수 없다는 사실이다(표-3 참고).

〔표-3〕

PLAYER'S SOFT HAND	DEALER'S UP - CARD									
	2	3	4	5	6	7	8	9	10	A
A-9(20)			S	T	A	N	D			
A-8(19)										
A-7(18)				D						
A-6(17)				O						
A-5(16)	H			U						
A-4(15)	I			B						
A-3(14)	T			L		H	I	T		
A-2(13)				E						

여기에서도 게임자의 Soft Hand 전략은(이 전략도 블랙잭 게임자라면 당연히 숙지하고 있음을 전제로 함) 아래의 도표와 같이 누구나 기억할 수 있도록 단순화하였으며, 게임자는 어떻게 이 Soft Hand 전략을 전개해야 하는지 알아보자. 딜

러의 Up-Card가 9 혹은 그 이하일 경우에는 9-9를, 7 혹은 그 이하인 경우에는 7-7을 Split하고 6 혹은 그 이하인 경우에는 6-6을 Split한다. 또한 같은 카드는 딜러의 Up-Card보다 적거나 같은 경우에만 Split한다는 것을 지적하고 싶다. 딜러의 Up-Card가 4, 5, 6, 7일 경우에만 3-3, 2-2를 Split하고 그 외에는 Hit한다(표-4 참고).

〔도표-4〕

PLAYER'S HARD HAND	DEALER'S UP - CARD									
	2	3	4	5	6	7	8	9	10	A
A - A			S	P	L	I	T			
10 - 10			S	T	A	N	D			
9 - 9										
8 - 8				P	L	I	T			
7 - 7										
6 - 6							H	I	T	
5 - 5		D	O	U	L	L	E			
4 - 4							H	I	T	
3 - 3			S	PL	I	T				
2 - 2										

9. SURRENDER 전략

Surrender에 대한 규칙은 매우 단순하다.

게임자의 Hand	딜러의 Up-Card
15-16 Hand	7-8-9-10-Ace

많은 전문가들이 딜러의 Up-Card가 7, 8일 경우에는 15, 16에 Surrender를 동의하지 않지만, 딜러의 Up-Card가 9, 10, Ace일 경우에는 Surrender하는 데는 동의하고 있다. 요즘의 전문가들(카지노를 이기기 위한 연구

및 책자를 펴낸 저자들)은 게임자에게 딜러의 Up-Card가 7 혹은 그보다 높은 경우에는 카지노가 허용된다면, 15, 16의 Stiff Hand(8-8은 제외)는 반드시 Surrender하라고 충고한다.

라스베가스 대부분의 카지노에서는 Surrender 규칙에 동의하지 않고 있으며 몇 군데의 카지노는 딜러의 Up-Card가 10이거나 Ace일 경우 Bottom Card를 확인한 후에 Surrender하는 것을 허용하고 있으며 극소수의 카지노에서는 Hole-Card가 확인되기 전에 Surrender하는 것을 허용하고 있다.(Early Surrender)

10. 기술(SKILL)에 대한 실습(PRACTICE)

이제 우리는 중요하고 기본적인 전략(주로 게임자의 기본전략)을 살펴보았다. 블랙잭에 접근하려면 도표를 기억하고 암기하여 이를 통해 전략을 선택하고 딜러의 Up-Card에 대해 어떻게 대응할 것인지를 정확히 알 수 있을 것이다.

게임자는 자신의 카드를 받는 순간 즉각적으로 결정할 수 있는 판단력을 키워야 하며, 카지노 실무관계자는 게임자의 기본전략을 완전히 정복한 다음 그 위에 실무진행을 할 수 있는 여유가 있어야 운영이 될 것이다. 훈련을 함으로써 기술이 제2의 천성이 되어야 한다. 능력은 연습을 얼마나 하느냐에 의해 측정된다 하겠다.

11. 기본전략의 ADVANTAGE (어드밴테이지)

게임자의 좋고 나쁜 전략에 따라 카지노 Advantage에 미치는 영향은 어떠한가? 세계의 모든 카지노 전문가들은 그에 대한 명쾌한 해답을 찾으려고 무한한 노력을 기울였으나 어느 누구도 명확한 해답을 주지 못하고 있다. 심지어 오늘날의 컴퓨터조차도 카지노에 따라 규칙이 상당히 다르기 때문에 카지노의 정확한 Advantage를 알지 못한다. 게임이 One-Deck인가, Multiple-Deck인가? 딜러는 모든 17에서 Stand 하는가, 또한 Soft-17에서 Hit하는가?

Double Down은 어떤 카드에서도 할 수 있는가, 혹은 10, 11에서만 가능한가? Split한 후에 Double Down을 할 수 있는가? Surrender는 사용할 수 있는가? 딜러가 Hole-Card를 Check(점검)하기 전에 Surrender할 수 있는가? 다시 한번 강조하지만 카지노의 게임규칙은 언제든지 변할 수 있으며 이는 카지노의 강점인 것이다.

(1) 게임자의 정확성(The Player's Accuracy)

우리가 어떤 규칙에 근거한 정확한 비율을 찾을 수 있고 우리가 원하기만 하면 그것을 얻을 수 있다고 상상할 수 있겠는가? 정확한 답을 내리기에 무척 어려운 질문일 것이다. 또한 게임자가 기본전략을 완벽하게 구사할 수 있겠는가? 그렇지 않을 것이라 본다.

그렇다면 완벽하게 구사하는 게임자가 있다고 하자. 이 게임은 게임자 혼자서 이룰 수 있는 것이 아니기에 다른 게임자(주관이 있거나 미숙한 자)에 의해 객관성을 잃어버리게 되는 경우도 있다.

바로 이것이 5% 혹은 그 이상의 이익을 카지노에 주는 결과가 되는 것이다. 어떤 게임자도 실수를 하지 않을 수 없으며, 기본전략을 어느 정도 정확하게 적용하느냐에 따라 카지노의 승률이 결정된다 하겠다.

(2) 이익의 비율은 장기전 결과에 달려 있다.

카지노의 승률을 측정하는데 있어 반드시 고려해야 하는 또다른 문제는 그것이 장기적인 게임 진행 결과에 달려 있다는 것이다. 단기적으로 비율의 변동폭이 10% 혹은 그 이상이 될 수 없다고는 말할 수 없다. Single-Deck게임인 경우에는 믿을 수 없을 만큼 많은 변동이 발생한다. 이러한 변동은 게임자의 진행에 달려 있음은 위에서 언급하였다.

그러나 모든 10의 핸드가 이긴다고 절대적으로 생각해서는 안된다. 이길 수도 질 수도 있다는 전제를 두어야지, 단기적인 결과로 이익의 비율을 결정하는 것은 성급한 결론이라고 볼 수 있다. 1%의 임의의 비율은 장기적 게임자가 Betting한 $100에 대해 $1을 잃었을 것이라는 뜻이다.

그것은 이론적으로 카지노가 게임자의 모든 돈을 따기 위해서는 한번에 $1을 Betting하는 10.000번의 게임을 해야 한다는 것이다. 그러나 그 1%라는 것이 매우 작은 수일지라도 사실상 모든 돈을 잃게 한다는 것을 알 수 있다.

(3) 기본전략이 게임을 대등하게 한다.

기본전략을 사용하는 보통의 게임자에 대한 보통의 게임 컨디션을 근거로 카지노의 승률이 약 0.5% 발생한다고 한다. 그러나 이 숫자는 이미 언급했던 이유들로 해서 다른 전문가들의 숫자만큼이나 의미가 없다. 물론 예외적인 게임자가 예외적인 규칙이 아닌 카지노를 찾았다면 여기에는 블랙잭은 대등하다고 할 수 있다(단, Surrender의 경우에는 사실상 조금 우세에 있는지도 모른다).

많은 전문가들은 카지노 승률의 비율을 연구해 왔으며 많은 저서가 범람하고 있으나, 그 전문가의 수학적 근거를 믿으려 하지 않으니 어느 누구도 정확하게 이것이라고 꼬집어낼 수 없는 숫자이기 때문이다. 확률론에서 다시 공부하겠지만, 이것은 어디까지나 확률일 뿐이지 그 수학적 근거는 무의미하고 쓸모 없는 경우도 있다.

통상적으로 기본전략에 따른 경우 블랙잭은 0.347%의 이율이 있다고 본다. 그러나 게임자가 기본전략으로 한번의 실수도 없이 최상의 조건으로 수만 개의 Hand를 자유롭게 조절할 수 있겠는가? 만약에 95%의 정확성을 가지고 게임자가 이 게임을 조정할 수 있으면 블랙잭은 Craps 만큼 안전한 게임이라고 말할 수 있다.

오히려 게임자가 한 단계 더 들어가 변화가 발생하는 경우를 알아차리는 카드 Count전략을 구사한다면 블랙잭은 실제로 더 나은 게임이 된다. 기회가 왔을 때 Betting을 늘리고 줄이는 것을 아는 것은 카드게임을 유지해 나가는데 있어 상당히 유리하다. 바로 이점이 게임자의 강점이 되며 상대적으로 카지노(House)는 이 Volume양에 대한 Action의 폭을 제한하기 위해 Table Limit를 두고 있는 것이다.

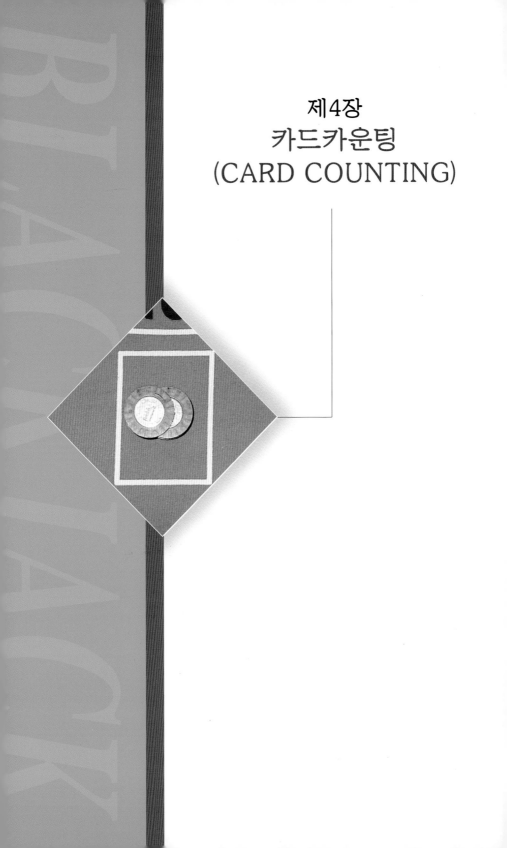

제4장
카드카운팅
(CARD COUNTING)

CARD COUNTING (카드 카운팅)

카 드에 관한 책을 펴낸 대부분 전문가들은 다음과 같은 확고한 신념을 가지고 있다. 게임자들은 딜링되는 모든 카드를 기억하고 있어야 하고 기본전략을 계속 바꾸어 가면서 핸드가 유리할 때까지(이때 전체 시간의 5%정도에 불과한 순간포착) 기다려야 한다는 것이다.

간단히 말해 컴퓨터로 증명되는(Computer-Proven) 수학적 접근법으로 그 게임을 이기는 것이다(Mathematical-Approach). 그러나 카지노는 게임자들의 휴대용 컴퓨터 단말기를 이용한다거나 종이와 연필 사용을 허용하지 않는다. 그러므로 딜링되는 카드를 정확히 카운트하기 위해서는 모든 신경을 집중하는 방법밖에 없다.

오늘날 널리 광고되고 알려진 일반적인 "Count"체계를 이용하려면 그저 훌륭한 기억력과 끈질긴 인내심이 필요할 뿐이다. 만약 게임자들이 계산할 능력이 없거나 "기본전략"을 무시하였다면 블랙잭게임은 결국 카지노를 위한 5%의 이율을 주거나 그 이상의 게임으로 끝나버린다는 결론이다. 아시다시피 블랙잭게임은 두 가지 특별한 기술을 요하는 독특한 게임이다.

그 중 하나는 위에서 공부한 바와 같이 기본전략이고 다른 하나는 카운팅이다. 카지노에서 장기적으로 돈을 따는 전문가들은 이 두 가지를 모두 정복한 사람들이다. 고수준의 카운팅전략에 대해서는 뒷편의 확률론에서 다시 연구하기로 하고 본 편에서는 카운팅 시스템의 기초지식만 알고 넘어가도록 하자. 그러나 위 모두 수많은 실습을 거쳐 완벽하게 소화할 수 있을 때 프로가 되는 것이다.

여기서는 여러분에게 프로가 되기를 강요하는 것이 절대 아니며 여러분에게는 카지노의 실무자가 되려면 이 정도 수준의 기초지식을 알아야 하겠기에 카운팅 개념에 대해 개요만 알아보도록 하자.

1. COUNTING의 역사

오늘날의 많은 게임자들에게 있어서 카드를 기억한다는 것은 새로운 개념이다. 그러나 놀랍게도 카운트전략이 처음 나온 것은 지금으로부터 37여년 전인 1963년 Edward O. Theop박사에 의해서였고 그 유명한 책인 "Beat the Dealer"를 통해 널리 보급되었다. 그의 혁명적 개념은 이미 10년 전 Roger Baldwin은 일단의 연구원들이 이룩한 연구성과에 기초하고 있다. Baldwin은 오늘날 널리 알려진 게임자의 선택을 위해 기본전략을 개발하였다. 그리고 Theop은 IBM의 컴퓨터 전문가인 Julian H. Braun과 함께 작업하면서 10점 카드 Count System을 고안해냈다.

Braun자신도 블랙잭 분석작업에 적극적이 되었고 개인적으로 중요한 업적을 남겼다. 이들 원리 창안자들의 작업성과는 수년간 크게 발전하지 못하였는데, 이는 이들의 작업이 얼마나 정확했는지 단적으로 증명해 주는 것이다. Baldwin, Theop, Braun은 카운트시스템과 기본전략의 개척에 있어서 지대한 공헌을 하였다고 볼 수 있다. 오늘날 그야말로 수백 개의 블랙잭 체계들이 개발되어 있고 그 중 어떤 것은 어처구니없이 비싼 대가를 요구하고 있지만, 이 모든 것들은 모든 이들 정예그룹의 이론에 기초를 둔 연구성과인 것이다.

2. COUNTING의 기초

카운팅이 무엇이고 왜 필요한지에 대해서는 이미 언급한 바 있다. 당연하게도 아주 소수의 카드만이 딜러에게 도움이 되고 대부분의 카드는 게임자들에게 도움이 된다는 사실을 우리는 알고 있다. 이러한 기본적인 사실에 기초하여 게임자가 딜링과정에서 나타나는 Appear카드를 머리 속에 기억하고 Deck에 남아 있는 Reaming카드를 짐작 내지 추측하는 판단력이 필요하다.

Theop의 오리지날 10-카운트시스템은 정확성면에서 결코 심각하게 도전받은 적이 없다. 감히 누가 컴퓨터에 도전할 문제를 제기하겠는가. Theop은 10-Card 와 Little-Card를 비례의 형태로 계산할 것을 권하였으나, 머리 속에 이 계산이 이루어진다는 것은 결코 쉬운 일이 아닌 것이다.

3. THE POINT COUNT

균형있게 고안되어진 카운팅 시스템은 Large 카드(7~A)에 '마이너스' 숫자를, Small카드(2~6)에 '플러스' 숫자를 부과하도록 고안되었다. 비율 같은 것은 잊어버리고 단순히 플러스와 마이너스 숫자를 계산함으로써 일정시점 Deck에 남아 있는 카드 상태를 알 수 있게 될 것이다. 오늘날 이 체계는 흔히 "Point-Count" 시스템으로 불리면서 가장 강력한 체계로 간주되고 있다.

4. POINT COUNT SYSTEM의 전형

이 카운팅 전략을 이용하기 위해 게임자들은 Shoe를 통해 눈앞에 나타나는 카드를 계산해야 한다. Little Card가 나오면, "+1", Big Card가 나오면 "-1"로 계산한다. 10-카드와 Ace 카드는 플러스로 계산하고 7, 8, 9와 같은 중간 카드들은 별로 의미가 없으므로 무시한다. 이제 여러분들은 카드 Counter들이 왜 "Card-Up" 게임을 요구하는지 알게 될 것이다. 그것은 계산하기가 훨씬 쉽기 때문이다.

카드가 보이지 않게 딜링될 때 (Face-Down Dealing)카운터는 게임자들이 Bust하여 그 Bust된 카드를 보게 될 때까지 혹은 그들이 Wager를 결정할 때까지 기다려야 한다.

이것은 또한 예리한 카운터들이 항상 "Third-Base"에서 게임을 진행하길 원하는 이유이기도 하다. 또한 그것은 테이블 왼쪽 끝의 마지막 위치이고 그가 결정을 내려야 할 때 더 많은 카드를 볼 수 있기 때문이다.

PLUS(COUNT+1)					MINUS(COUNT-1)				
2	3	4	5	6	7	8	9	10	A
1	1	1	1	1	0	0	0	1	1

5. COUNTING의 두 가지 이점

카운팅의 이점은 두 가지이다. 하나는 카운터가 카운트 상황이 변하는 것에 따라 자신의 Betting 금액 Size를 조정할 수 있다는 것이다. 카운트가 높은 플러스 값일 때 그는 Bet Size를 크게 할 것이다. 평균분포의 비율에 따라 Deck으로부터 Small Card가 많이 빠져 나왔기 때문이다.

반대로 카운트가 낮은 마이너스 값이라면 Bet Size를 작게 하거나 그 Shuffle이 끝나기를 기다릴지도 모른다. 카운팅의 다른 하나의 이점은 계산의 변화에 따라 기본전략을 바꿀 수 있다는 것이다.

예를 들어 Deck으로부터 10-카드를 가지고 있다는 것이다. 실제로 전문적인 카운터는 자신의 계산이 변함에 따라 끊임없이 기본전략을 바꾸어 간다. 그는 적어도 대여섯 가지 전략을 가지고 자료를 기억하여 응용한다. 그리고 카드가 나올 때마다 새롭게 계산해 내고 판돈을 조정하며 또한 카지노에서 그들의 정신을 흔들리게 하는 모든 요소와 각 게임의 실력자에 대한 세심한 경계를 게을리하지 않는다.

전문카운터들은 예리한 기술로 게임으로부터 어떤 희열을 얻어내는 것이 그들의 진지한 사업인 것이다. 대부분의 카지노는 전문적인 카운터들이 주는 Damage를 피하고 카지노 이익을 보호하자는 대응전략을 여러 가지로 연구하고 있다. 예를 들어 그들의 카운팅을 혼란케 하거나 카지노 업소 출입을 제한시키는 등 실제로 House와 그들과의 보이지 않는 전쟁을 치르고 있는 것이다.

6. COUNTING은 중요하므로 초보자라도 무시해서는 안 된다.

이어서 카운팅에 대해 서두에서도 언급한 바 있지만, 실제로 카지노 실무자에게 이 부분을 소개하여야 할 필요가 있는가를 고심하다가 어렵게 결정을 내린 것이다.

그러나 블랙잭을 알려면 전반적인 개요를 알아야만 된다는 결론이기에 최소한 카운팅에 대한 소개 정도는 필요하다고 느꼈으며, 이 수준은 대학에서의 어떤 이론보다는 블랙잭 게임의 배팅을 위한 정도라고 생각하면 되고 카운팅이 무엇이고 왜 해야 하는지를 이해할 수 있다면 이 책의 목적을 다하는 것이라고 기대된다. 그러면 적어도 카운팅 개념의 몇 가지 이점을 얻는 방법을 연구하여 보자.

7. COUNTING "OVER VIEW" (오버-뷰)

카운팅하지 않으면서 게임자가 할 수 있는 최선의 방법은 게임자 옵션을 위한 기본전략을 정복하는 것과 최상의 조건으로 게임 Rule을 적용하는 카지노를 관찰하는 것이다.

Surrender가 있으면 적어도 게임자는 "Even Money"을 할 수 있다고 단언할 수 있다(Even Money이 된다는 것은 어느 쪽에게나 공정한, 카지노 이율이 1.5%에서 0.5%로 감소되기 때문이다). 여기에서 복잡하지 않으면서 한 걸음 더 나가고 싶은 유혹을 충족시키기 위한다면, 다음 단계의 논리적인 기교상의 진보를 필요로 한다.

(1) 실제로 카운팅 하지 않는 카운트

실제로 카운팅 하지 않고도 카운팅 할 수 있는 방법이다. 나름대로 연구해 온 전문가들의 저서를 통해 훌륭한 카운팅 기술은 Big카드에 대한 Limit카드의 비율이 아주 나쁠 때 가장 큰 위력을 발휘하는 것이어야 한다고 결론을 내렸다. 그때야말로 행동이 필요한 때이다.

이런 경우 게임자가 좀더 Betting금액을 높이던가 게임을 그만두던가를 결정하여야 하는데, 게임자를 위하여 좋은 것인지 나쁜 것인지는 게임자의 편향에 달려 있다. 먼저 Limit카드의 전후이동부터 시작한다.

2, 3, 4, 5 그리고 6, 평균적으로 다섯 장의 카드 중 두 장은 Limit카드이다. 즉 테이블 위에 열 장의 카드가 있다면 그들 중 네 장의 카드는 Small Card인 것이다. 만일 그것들 중 6~7장의 카드가 Small이었다면, 게임자가 그 순간 우위에 있는 것이고 딜러가 유리한 위치에 있는 것이다.

놀랍게도 이러한 변동은 빈번하게 일어나고 있으며 실제로 카운팅 하지 않으면서도 무엇을 찾을 것인가를 의식하고 있든 게임자에게 명백한 상황을 제공한다는 것이다.

이러한 방법을 "Over Viwe" 카운팅이라고 한다. 그러나 대부분의 카지노는 모든 딜러와 핏-보스에게 그렇게 된 이유를 찾도록 훈련받았고 특별히 Sling-Deck으로 진행되는 카지노는 어는 곳이든 이 부분에 대해서 민감하다.

(2) OVER VIEW를 이용한 실제 사례

이 이야기는 미국의 어느 저자가 경험한 사례를 인용하여 적은 것이다. "카운팅 Over View의 가장 좋은 예는 1985년 라스베가스의 Desert inn 카지노에서 일어났다. "DI"는 6-Deck으로 딜링하고 있었고 그것은 나중에 설명하겠지만, 그리 대단한 판은 못되었다.

어쩌다가 나는 Dealer Hand On(다른 게임자가 없는 테이블)상태에서 게임을 진행하게 되었다. 처음 약간의 Hand에 5's(pair), 6's가 그리고는 4's, 7's, 8's가 들어왔다. 열두 차례가 지나자 나의 마음을 흔들리게 하는 기이한 일이 일어났다. 그것은 5점 카드가 24장이나 빠져 나왔는데, 이는 5-카드가 전부 빠져나가리라고는 누가 예측할 수 있었겠는가!

결국 Shoe가 스스로 균형을 찾기 시작했을 때는 단지 이겼다는 정도의 표시로 끝나고 말았다. 내가 이런 말을 하는 것은 여기에서 커다란 교훈을 얻었기 때문이다. 더할 나위 없이 나는 이겼다. 그러나 그 상황에서 기대어 못 미쳤다는 것이 밝혀진 것이다.

여기에서 정말 중요한 것은 긍정적인 것에서 부정적인 것까지 예측하면서 그 흐름을 의식하는 것이다. 그 흐름을 의식할 수 있다면 이익을 위해 이용할 수 있다는 것이다."〈John Golle hon 의 저서 『All About Blank jack』 중에서〉

(3) OVER - VIEW를 이용하여 배팅하는 법

Little-Card가 많이 빠져 나왔다면 Winning Bet으로 밀어 붙여라(3회까지 Press Up). 그러나 10-카드와 Ace가 소모되었다면, 그 배팅을 빼버리는 것이다(Walk Away). 여기서 자세한 배팅수준을 서술하는 것은 적당하지 않고 단순성을 위해 카운팅 전략에 대한 자세한 설명은 덧붙이지 않겠다.

그러나 One-Deck, Two-Deck을 사용하는 대부분의 카지노(이곳은 카운터의 천국이다)일지라도, 일반적으로 게임자가 갑자기 3회 이상 배팅을 높일 때 카지노 게임의 이익을 도모하기 위해 통상적으로 카드를 Re-Shuffle한다.

8. FRENOMT SHUFFLE

이 이야기는 카드 카운팅에 대해서 딜러는 어떻게 대응하는가를 위에 소개한 바 있고 저자(John Gollehon)의 실제 경험담을 인용한 것이다.

"내가 가장 좋아하는 곳은 라스베가스 다운타운에 있는 프레몽 호텔에 있는 Single-Deck테이블이 있는 곳이다. 나는 그곳의 딜러의 대부분을 알고 있는 불행히도 그들 역시 나를 알고 있었다. 그들은 내가 카운팅한다는 것을 알고 있으며 내가 무엇을 생각하고 있는지조차 아는지 4회이상 배팅을 올릴 때마다 카드를 다시 뒤섞곤 하였다.

나는 딜러를 시험하기 위해 카운트가 나빴음에도 불구하고 5번이나 배팅을 올린 적이 있다. 카드를 뒤섞을 것으로 예상했던 것이다. 그러나 그 패로 계속 돌았다. 딜러 역시 카운팅하고 있었음에 틀림없다."

9. SMALL-CARD가 게임자의 배팅수준을 조정한다.

게임자는 Small카드가 상대적으로 많이 보일 때까지 혹은 Deck에 남아 있는 것들에 대한 비율이 유리한 동안에 승산을 높일 것이다. 게임자가 적당한 우위를 유지하고 있다면 이전 Winning Wager보다 50%배팅을 올릴 것이며 카운팅을 하고 있어도 Losing Wager을 서두르지 않는 것을 원칙으로 한다는 것을 지켜 볼 수 있을 것이다.

대부분의 초보자(카지노 실무자 혹은 게임 자)들은 몇 시간 게임을 한 후에 라야 그 테이블의 상황을 알 수 있을 것이다. 딜링된 카드를 되새겨 보고 Small 카드의 비정상적 다소에 주목함으로써 Deck에 남아 있는 카드의 구조를 알아낼 수 있는 것이다(이는 많은 연습과 교육이 수반되어야 한다).

10. SINGLE-DECK 대 SHOE

일반적으로 큰 변화가 일어나는 일이 많지는 않다. 대부분의 경우 DECK의 Little카드와 Big카드는 아주 평균적으로 정리되어져 있다. 그러나 통계적으로 큰 변화가 일어날 가능성은 6-Deck, 8-Deck의 Shoe보다 Single-Deck이나 2-Deck에서 크다.

대부분의 카운터들이 Single-Deck을 선호하는 것이 바로 이 때문이다. Multiple-Deck Shoe처럼 카드가 많을 때 변화가 적어진다는 것을 이해할 수 있겠는가! 그리고 설사 비율에 있어서 큰 변동을 발견했다 할지라도 Multiple-Deck은 카운트하기 어려우므로 어떤 카지노에서는 카운터에 대응하기 위해 Multiple-Deck(Shoe 딜링)만 사용하기도 한다.

그러나 초보자에게는 Single-Deck에서 게임을 진행하느냐, Shoe테이블에서 게임을 진행하느냐 하는 것이 의미가 없을 것이다. 오직 경험을 통해 실력이 향상되면 Single-Deck을 찾게 될 것이며 발생가능한 변화를 기다리게 될 것이다.

11. 애틀랜틱시티와 네바다에서의 B/J게임 조건 비교

애틀랜틱시티에서 Single-Deck게임은 거의 없다. 현재는 6-Deck, 8-Deck으로 4-Deck 게임은 드물다. 뉴저지 카지노 조정위원회(New Jersey Casino Control Commission)는 모든 카지노가 동일한 게임 Rule에 따를 것을 요구하지만 Deck의 숫자는 Rule로 간주하지 않는다.

그러나 위원회는 카드를 손이 아닌 Shoe를 사용하여 딜링하도록 요구하고 있다. 애틀랜틱시티 카지노는 폭넓은 고객을 확보하고 있다. 사실 너무 많아서 일부러 Single-Deck게임을 설치할 필요조차 느끼지 못한다.

1981년 카지노 조정위원회는 카지노의 청원에 따라 "Surrender"를 모두 금지하도록 했다. 이유는 카지노의 승률이 너무 없었기 때문이다. 부수적으로 위원회는 스포츠 배팅, 포커, 키노 등도 금지하였다. 규제가 적어지고 카지노 수가 많아질 때까지 동부에서 게임 진행의 컨디션이 좋아지기를 바라는 것은 무리일 것이다. 네바다에서는 카지노가 마음대로 게임방법을 조정할 수 있어서 경쟁에 대한 장애물이 전혀 없다.

게다가 게임자에 비해 상대적으로 많은 카지노가 있다. 마케팅에서의 공정한 경쟁과 규제로부터의 자유는 두말할 나위 없이 네바다에서 게임하기를 선호한다. 왜냐하면 그들은 어느 곳에 'Best Rule'이 있는지를 알고 있기 때문이다.

제5장
블랙잭게임의 개념

제 5 장

배팅의 방법

돈을 거는 것, 즉 배팅에 관한 모든 종류의 숙달과 이론은 각각 한 권의 부피를 차지할 만큼의 전문서적이 있으며 후에 여러분이 초급의 수준을 넘어 본 교제의 완결편에서 다시 다루기로 하고, 여기에서는 기본적인 개요만 다루었다. 배팅을 어떻게 해야 이길 수 있다던가, 아니면 배팅에 의해 상황을 유리하게 이끌 수 있다는 보장, 또는 원칙이나 공식이 있는 것은 절대 아니다.

1. 점진적인 배팅방법

통상 숙달된 배팅기술이라면 1-2-3-1-2와 같은 방법으로 널리 알려져 있으며 이 방법의 첫 번째는 기본단위만큼 배팅하고 두 번째는 기본단위의 두 배가 되는 방식이다. 그러나 이러한 방식만으로 위닝(Winning)상황을 바꿀 수 있는 어떤 기술이라고는 단정지울 수 없다.

또한 이길 가능성이 불리하게 되어 있는 확률게임에서 게임자의 배팅 크기의 변화는 장기적인 결과에 아무런 영향을 미치지 않는다는 것을 재차 강조하고 싶다.

블랙잭 테이블에서 HOUSE는 게임자가 이길 가능성은 항상 변화한다. 그러나 양자 또는 게임자에 의해 가능성이 만들어진다는 특성이 있다. 따라서 불리한 가능성을 유리한 가능성으로 변경시킬 수 없다. 우선 카드를 기억하고 가능성을 판별한 후에 배팅 조정하는 순서일 것이다.

2. 배팅의 일반적(보수적)인 방법

일반적으로 이기고 있을 때에는 배팅을 크게 하고, 그렇지 않으면 배팅을 즐기는 것이 통례로 되어 있다. 이는 표면상 상당한 의미가 있으며 아주 안전하고 보수적인 것이다. 다시 말하면 이기고 있을 때 배팅을 함으로써 어렵게 버는 것 대신 순수 이익금으로 다시 배팅하는 것이다.

따라서 위험에 빠지지 않고 실제로 더 많이 배팅할 수 있다는 것이 일반적인 관점이다. 이 방법은 공정한 게임장소와 시기가 있다면 더욱 좋다. 그러나 이기는 동안에만 배팅을 높인다는 것의 실제적인 이점은 단지 게임에서 밀려나가지 않는다는 것뿐이다.

왜냐하면 이길 수 있는 기회가 다시 올 것인지 아닌지는 누구도 예측할 수 없기 때문이다. 따라서 이기기 시작할 때 물러서는 방법도 의미가 깊다. 그러나 장기적으로 게임의 흐름과 카드를 기억하는 전략을 제외하고 오직 배팅에만 의지해서 결과를 얻으려 한다면 그 결과엔 아무런 영향을 미칠 수 없다.

3. 안전하게 배팅하라.

전문가가 권유하는 말이 있다. 이 뜻은 무엇보다도 나는 결코 패할 리 없다는 식으로 배팅하거나 자신을 불안하게 만드는 배팅을 하지 말라는 것이다. 우선 초보자들은 카지노내의 게임 테이블(테이블 위에는 컬러 코드 사인으로 각 테이블의 Min과 Max의 한도를 표시한 Limit Board가 있다)에서 시작하는 것이 상식적인 일이다. 카지노는 통상 그들의 칩컬러와 똑같은 동일 컬러의 코드를 따른다.

예를 들어 White 는 ￦1,000~2,000, Blue는 ￦5,000, Green은 ￦10,000 그리고 Black은 ￦100,000이 최소한 게임을 의미하는 것이다. 배팅의 최대한계는 각 카지노마다 매우 다양하게 허용되는데 일반적으로 블랙잭에서는 ￦2,000,000까지이다.

그러나 국내에서는 최소한계 ￦1,000~2,000을 찾아보기 어렵다. 최저 수준이 ￦5,000인데 이나마 주말이면 카지노가 바빠지기 시작하여 최저수준이 ￦20,000~50,000으로 변하기 때문이다. 이는 여타 사업과 마찬가지로 카지노도 수요와 공급의 법칙을 적용하고 있기 때문이다.

위 제목과 같이 안전하게 배팅하라는 초보자들에게 충고할 수 있다면 장소와 시간적 활용에 대한 고찰과 특히 자신을 컨트롤할 수 있는 능력이 필요하다는 것이다. 예를 들어 초보자(여기서는 게임자의 입장)는 원하는 최저배팅수준보다 큰 최저를 요구하는 테이블에서는 게임을 자제할 것이며 가능하면 주말을 피하고 아침 이른 시간에 게임을 하는 것이 좋다(최저 수준의 테이블을 택할 수 있고 게임자들 간의 경쟁력이 약하고 분위기도 보다 편하기 때문이다).

제2편
블랙잭(BLACKJACK) 게임의 실무

제1장
블랙잭게임의 실무

제 1 장

블랙잭게임의 딜러 실무

여러분이 갖고 있는 기술이나 지능능력이 뛰어나도 이론과 규칙들을 모르게 되면 능력을 충분히 발휘하지 못할 것이다. 여기에 카지노만이 가지고 있는 특수성을 고려하여 카지노 실무자에게 횡적인 규율을 요구하게 될 것이며 엄격하게 다루어짐은 물론이다.

카지노 실무자는 이 목록 내에서 필요한 매너에 익숙해져야 하는 능숙한 전문직업인이 되어야 하므로 참을성 있게 능력을 배양시켜야 하겠다. 물론 모든 것을 배우고자 하는 여러분의 자세에 달려 있고 그 평가도 여러분 자신이 만드는 것이지만, 제일 중요한 것은 오직 훈련뿐이다.

본 편에서 블랙잭 게임의 진행, 즉 수행하는데 필요한 기술적 이론과 실무자의 게임에 대한 기본동작과 게임에 대한 용어해설 그리고 실무자의 자세 및 품행 그리고 의무 등 전반적인 진행실무를 다루어 보았다.

카지노 실무자로 입문서에서 지시되는 업무수칙이나 게임방법을 필히 숙지하고 이론을 바탕으로 고도의 기술과 정확한 계산기능, 성숙한 매너를 효율적인 능력개발에 필요한 훈련을 거듭하여 본 편은 카지노업체에 가장 많이 이용되고 있는 실무 2가지를 중심으로 구성하였다.

카지노업체마다 차이는 있지만 큰 문제점은 없으며 딜러 실무 교육의 가장 중요한 목적은 고객에게 오해받을 불필요한 행동이나 언어를 사용하지 말아야 한다. 따라서 본 편을 통해 훌륭한 전문 직업인으로서 성공하는데 기여하였으면 한다.

1. 블랙잭실습의 목적

블랙잭의 학설, 절차, 시스템, 테크닉, 규칙을 충분하게 정통적으로 완벽하게 이해할 수 있도록 한다. 학생들의 초급과정에서 카지노 블랙잭 딜러가 될 때까지 필요한 자격을 얻기 위해 능력과 기술을 개발하고, 카지노업체에 적응할 수 있고 또 숙달된 딜러가 될 수 있도록 하는데 목적이 있다.

2. 블랙잭실습의 과정

블랙잭실습을 통해 다음과 같은 과정을 이수해야 한다.
첫째, 블랙잭게임의 전문용어와 규칙을 배워야 한다.
둘째, 블랙잭게임 Layout 및 도구에 대해 배워야 한다.
셋째, Showing, Boxing, Stacking, Shuffle, Arranging, Cutting, Stripping, Counting, Cut Card사용 등을 배워야 한다.
넷째, Single Deck, Double Deck, 4 Deck, 6 Deck으로부터 Deal하는 방법과 셔플(shuffle)하는 것을 배워야 한다.
다섯째, 블랙잭게임에 관련된 카드분배 및 칩스의 올바른 취급방법에 대해 완벽하게 마스터해야 한다.
여섯째, 게임보호와 딜링에 대해 올바른 순서를 완벽하게 마스터해야 한다.
일곱째, 업장 내에서 지켜야할 예절과 적응능력을 배워야 한다.

3. 딜러 실무의 개념

카지노사업은 유럽최고 상류사회의 귀족놀이에서 전래되어 온, 수백년 전통의 보수성이 강한 정적인 유럽 스타인 이미지와 실질적이고 자유분방을 표출하는 동적인 미국 스타일과 혼합되어 이루어진 현대사회의 최고결정의 오락장이라 하겠다. 그러므로 카지노 종사원은 카지노 종사원으로서 필요한 매너에 능숙한 전문적 직업인이어야 하므로, 이에 카지노만이 가지고 있는 특수성을 고려하여 가장 효율적이고 합리적인 operation policies와 게임 개념 매뉴얼을 소개하겠다.

카지노 종사원은 매뉴얼에서 지시되는 근무수칙이나 게임규칙을 필히 숙지하고, 이론을 바탕으로 고도의 기술과 정확한 계산기능, 성숙한 매너 등 효율적인 능력개발에 필요한 훈련을 거듭하여 완벽한 전문직업인으로 정착하기를 바란다.

(1) 교수 및 실습 조교

학생들이 갖고 있는 기술이나 지능 및 능력 등이 뛰어나도 이론과 규칙들을 모르게 되면 능력을 충분히 발휘하지 못할 것이다.

여러 가지 문제들을 올바르게 지도하려는 의지와 목적을 가지고 학생들에게 게임을 가르치려고 한다. 블랙잭게임 실습시간에 게임에 필요한 모든 것을 해 명하고 지도하며 또 학생들은 게임을 배우는 동안 참을성 있게 능력을 배양시 켜야 한다.

모든 것은 학생들의 배우는 자세에 달려 있고, 그 평가도 학생들 자신이 만 드는 것이다. 오직 연습만이 능숙한 딜러가 되는 것이다. 실습시간 동안에 적 극적 자세를 항상 유지하여 빨리 배울 수 있는 가능성을 높여야 할 것이다.

(2) 실습 중에 지켜야 할 규칙

① 어떠한 경우에라도 담당교수나 조교의 동의 없이 실습실을 떠나서는 안 된다.

② 어떤 준비물을 도난당했거나 허락 없이 어떤 물품을 옮긴다면 즉각 교육 을 중단한다.

③ 학생들의 교육은 실습실 내에서만 허용된다.

④ 학생들은 실습내용에 적합하다고 인정되는 이야기 외의 학생들간의 대화 는 금한다.

⑤ 불량한 수업태도와 실습내용의 주장은 절대 해서는 안된다.

⑥ 다음 사항은 실습실 내에서 절대 있어서는 안된다.

흡 연

취 식

음 주

껌 씹는 것

⑦ 실습 중 교육에 필요한 주어진 모든 교재는 여러분이 관리, 유지할 책임 이 있다.

⑧ 기타 사항은 실습실 규칙에 의거한다.

4. 딜러의 자세

① 카지노 딜러로서 항상 산뜻하고 깨끗한 용모를 내세울 수 있는 것은 대
  단히 중요하다. 왜냐하면 카지노는 품위를 중시하기 때문이다. 그 품위
  를 평가하는 것은 여러분의 인격 및 수양에 달려 있다.
  a. 헤어스타일 : 적당하고 산뜻한 스타일. 머리카락이 흘러내리거나 시야를
    가려 딜링하는 동작 이외의 것을 유발케 해서는 안된다.
  b. 위생 : 위생학적으로 상대방에게 불쾌감을 주어서는 안된다. 예를 들어 악
    취, 심한 기침, 깨끗지 못한 유니폼 등은 특히 세심한 주의를 기울여야 한다.
  c. 손 : 개인의 능력을 표출하는 손은 항상 청결해야 하고 아름다워야 한다.
② 친절하고 예의바른 행동으로 손님을 대하는 것은 물론 직장의 상사, 선
  배 동료에게도 존중하는 태도와 자세로 근무에 임한다면 직업인으로서
  성공할 수 있을 것이다.
③ 당신의 직속상관은 필요에 따라 업무를 지시하거나 잘못을 지적하여 수정
  해 줄 것이다. 이때 상사가 정한 어떤 문제에 이의를 재기해선 안된다.

5. 딜러의 임무

  딜러의 임무 중 가장 중요한 두 가지 요소가 전문가적 기질과 안전한 게임
을 이루어 내는 것이다. 첫째, 전문가적 기질은 손님에게 신뢰를 얻어서 게임
테이블에서 그들을 편안하게 해줄 수 있어야 한다. 둘째, 안전한 게임은 나 자
신과 손님을 보호하고 우리의 직업도 보호되는 것이다.
  모든 게임에서 딜러는 주로 게임 테이블 담당간부의 권한 아래 있으며 딜러
는 방법과 규칙의 절차에 따라 전반적인 게임을 수행하여야 할 의무가 있으며
게임 운영을 위해 담당간부가 충분히 알려 주고 지시한 사항을 지켜야 할 의무
도 있다. 또한 어떤 실수가 발생하였을 경우 즉시 담당간부에게 보고할 책임도
있다. 어떠한 상황에서도 딜러는 게임상에 어떤 결정을 할 수 없기에 실수 수
정은 담당 간부의 지도 아래 이루어져야 한다.

6. 블랙잭 딜러의 일반적인 품행

① 딜러는 태만하지 않고 항상 공손한 태도를 유지해야 한다. 만약 손님에게 게임이 어떻게 진행되어지는지 설명이 필요하다면 가능한 도움이 되어야겠지만, 어떤 독특한 재주가 있는 것처럼 과시하여서는 안된다.

② 딜러는 항상 테이블 정면에 있어야 한다.

③ 다른 테이블 딜러와 서로 대화는 허용치 않는다.

④ 딜러는 손님 돈과 하우스 돈을 취급하거나 다루는 불필요한 일을 하지 않는다.

⑤ 게임 테이블에 참여하지 않는 고객이 자리를 차지하는 것을 허용해서는 안된다.

⑥ 당신의 게임 테이블에 아는 사람, 친지 혹은 친구와 참여하는 것을 허용하지 않는다. 이는 어떤 의혹을 불러일으킬 수 있다. 이는 당신을 보호하기 위해서다.

⑦ 게임장 안에서 근무중 음식물을 먹는 행위가 있어서는 안된다.

⑧ 딜러는 영업장 내에서 흡연을 해서는 안된다.

⑨ 딜러는 게임장 안으로 출입할 때 다른 딜러와 마주서서 이야기하는 행위가 있어서는 안된다.

⑩ 어떤 돌발적인 상황이 발생하여 어떻게 처리해야 할지 모를 때에는 항상 간부를 찾는다.

7. 블랙잭 게임의 보호 및 방어

① 게임을 보호하거나 방어하기 위해서는 게임 테이블의 분위기 및 움직임에 대하여 예의 주시하여야 한다. 예를 들어 손님들이 서로 단합해서 배팅의 흐름을 유지하거나 고의적으로 실수를 만드는 등의 행위가 있어서는 안된다.

② Dead 게임일지라도 Bank Roll을 두고 돌아서 등을 보이는 행동을 해서는 안된다.

③ 주위 상황을 경계한다. 만약 어떤 방어가 필요하면 즉시 간부를 불러 보

호를 받는다.

④ 딜링은 항상 공명정대한 소신을 갖고 한다. 손님에게 이끌리는 게임을 하지 않는다.

⑤ 카드 집을 오픈할 때에는 이상유무를 꼭 확인한다.

⑥ 게임자가 취급하는 배팅 집을 지켜보아 게임에 적합하지 않는 배팅이 있는지 확인한다.

⑦ 딜링 중에 해당 테이블 수준보다 고액 칩이 배팅되었을 때에는 담당간부가 그 사실을 알 수 있도록 한다.

제2장
블랙잭딜러의 기본동작 명칭

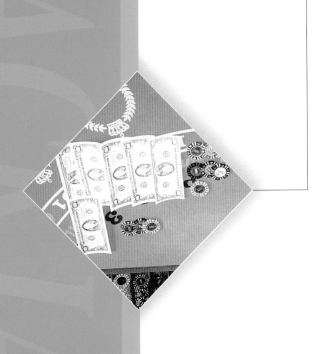

제 2 장

블랙잭 딜러의 기본동작 명칭

1. 블랙잭 게임 테이블 LAY OUT

〈그림 1〉 딜러 카드가 soft hand 인정하지 않는 경우

〈그림 2〉 딜러 카드 soft hand 인정하는 경우

2. 블랙잭 용구와 명칭

① Limit Board
② Discard Rack(Holder)
③ Cut Card(Indicate Card)
④ Paddle
⑤ Shoe
⑥ Chips Tray(Chips Rack)
⑦ Drop Box

3. 블랙잭게임의 기본 명칭

▶ Deck / 카드 한 묶을 One Deck이라 한다.

   4 Suits Black 스페이드(♠Spade) 13장(1~10)

               Red 다이아몬드(♦Diamond)13장(1~10)

               Black 클로버(♣Clover)13장(1~10)

               Red 하트(♥Heart)13장(1~10)

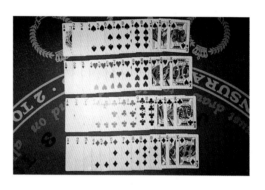

▶ Picture Card / J(Jack) Q(Queen) K(King)이는 모두 10으로 간주한다.

▶ Ace Card / 각 Suit의 1을 에이스라고 하고 블랙잭 게임은 1혹은 11로 사용한다.

▶ Soft Hand / Initial Card에서 Ace를 11로 계산되는 경우
(예: A + 5 = 16)
Hard Hand / Initial Card 중에 10 카드가 나올 때
(예: 10 + 7 = 17)

〈그림 1 Soft Hand〉　　　　　　　〈그림 2 Hard Hand〉

▶ Card Showing / Card의 이상 유무 (흠집, 표시 등)를 손님에게 확인
시키는 동작.
그림에서와 같이 앞면이 끝나면 뒷면도 똑같은 동작으로 보여준다. 업체
에 따라서 부채형, 반원형 두 가지 스타일이 있으며, 또 카드도
4Deck, 6Deck, 8Deck을 사용하고 있으나, 우리나라 업체는 6 Deck을
많이 사용하며. 외국은 4 Deck, 8 Deck을 사용하고 있다.

- Showing 방법 : 카드 앞면을 보이게 하는 경우는 같으나, 카드 뒷면을 보
이게 할 때에는 여러 가지 방법 중에서 2 가지 방법이 가
장 많이 사용하고 있다.
첫째, 카드 앞면을 펼친 다음 카드 모두 걷어서 왼쪽(Shoe)이나 오른쪽
(Rack) 옆에 열십자(+) 모양으로 모아 놓고 카드 뒷면으로 할 때에는 앞면
할 때와 똑같은 동작으로 한다.
둘째, 카드 앞면을 펼친 다음 카드 뒷면을 펼칠 경우는 안쪽 또는 바깥쪽부
터 한 줄씩 걷어서 카드 뒷면 나오게 하여 카드 앞면 할 때와 똑같은 방법으로
한다.

① Showing 앞면순서

- Showing 요령 : ① 검지는 카드 간격을 유지, 엄지는 Layout에 밀착시
키고, 나머지 손가락은 카드 위부분을 감싸준다.
② 검지와 중지를 사용하여 카드간격을 유지, 엄지는
Layout에 밀착시키고, 나머지 손가락은 카드 위부분
을 감싸준다.

ⅰ) 부채형 순서

〈그림 1〉

〈그림 2〉

〈그림 3〉

〈그림 4〉

ⅱ) 반원형 순서

〈그림 1〉

〈그림 2〉

〈그림 3〉

〈그림 4〉

② Showing 뒷면

i) 모든 카드 거두는 경우

〈그림 1〉

〈그림 2〉

〈그림 3〉

〈그림 4〉

ii) 1벌씩 뒷면 보이도록 하는 경우

〈그림 1〉

〈그림 2〉

〈그림 3〉

▶ Washing / Showing後에 뒷면이 보이도록 하여 카드가 섞이도록 휘젓는 동작.

오른쪽부터 시작해서 왼쪽 끝에까지 섞어간 다음, 전체적으로 잘 섞이도록 카드 전체를 다시 돌리면서 섞는다. 4 Deck인 경우는 나누지 않고, 6 Deck인 경우는 2 Deck 또는 3 Deck 씩 나누어 한다.

〈그림 1-1〉카드3벌(Deck)씩 : 오른쪽에서 왼쪽으로 진행하면서 섞는다.

〈그림 1-2〉카드2벌(2Deck)씩

〈그림 2〉

〈그림 3〉 전체적으로 섞는다.

▶ Stacking(Boxing) / 묶음으로 만드는 동작. 묶음 동작시 카드에 손상을 줄 수 있으므로 손에 힘을 빼고 할 것. 업체에 따라 한 묶음 또는 두 묶음으로 나누어 한다.
4 Deck인 경우는 나누지 않고, 6 Deck인 경우는 2 Deck 또는 3 Deck 씩 나누어 한다.

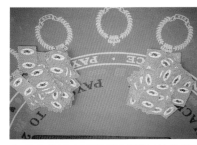

〈그림 1-1〉 카드가 많은 경우 2개로 나누어서
(예: 6Deck)

〈그림 1-2〉 카드가 많지 않은 경우, 한묶음으로
(예: 4Deck 이하)

〈그림 2〉〈그림1-1, 1-2처럼 정리하고 (그림 2)
로 정리함

▶ Shuffle / Strip 된 카드를 양손으로 잡고 One By One으로 섞이도록 하는 동작. 딜러의 손동작과 카드를 손님에게 잘 보이도록 하며, 카드의 손상을 없애기 위해 양손에 힘을 빼어 동작할 것.

〈그림 1〉 카드를 감싸는 경우

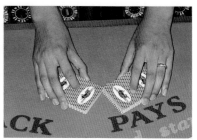
〈그림 2〉 카드와 손가락 이용

* Shuffle : 블랙잭에서 셔플은 한 가지 명칭을 뜻하나, 실제 사용함에 있어서 Stripping-Shuffle-Cutting-Arranging 단계를 모두 포함한 뜻으로 사용되고 있다.

〈그림1〉 A Shuffle

〈그림2〉 B Shuffle

〈그림3〉 C Shuffle

▶ Arranging / Shuffle 되어진 카드를 정리하는(손으로 매만지는) 동작. 업체에 따라 왼손을 고정하고 오른손으로만 카드를 매만지는 경우, 왼손과 오른손 모두 사용 카드를 매만지는 경우도 있다.

〈그림 1〉

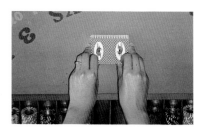
〈그림 2〉

▶ Cutting / Arrange 된 카드를 오른손으로 잡고 Top에서부터 일정량씩 왼손 쪽으로 4회~6회 정도 내에서 뽑는 동작. 업체에 따라 왼손 새끼손가락을 테이블 위에 고정시키고 하는 경우, 또 왼손을 고정시키지 않고 오른손 과 같이 이동하면서 카드를 뽑는 경우도 있다.

▶ Stripping / 카드의 묶음을 똑같은 양과 높이로 Shuffle할 수 있도록 나누는 동작.

▶ 카드를 Shoe에 넣을 때 : 업체에 따라 다르나 대부분 두 가지 위치에서 한다.
첫째는 Shoe가 Chips Tray 왼쪽에 놓고 딜링할 때와 같은 위치에서 카드를 넣는다.
둘째는 Shoe가 Chips Tray 중앙 앞쪽으로 갖다놓고 카드를 넣는다.

〈그림 1〉 왼쪽에 위치

〈그림 2〉 중앙에 위치

▶ Card Counting / Hand 상의 카드 합의 수치. 딜러는 Initial Card를

나눌 때까지는 카운팅을 하지 않으며, 게임자가 세 번째 추가 카드를 받기 전에 두 장 합을 카운팅하면서 게임자가 추가 카드를 원하면 카드를 나누어주고 다시 카운팅을 하고 게임자가 추가 카드 받지 않을 때까지 반복한다.

▶ Card Divide / 각 Hand에 카드를 나누는 동작. 첫째 카드를 놓고 두 번째 카드를 놓을 때에는 첫 번째 카드 1/4위에 놓으며, 다시 카드를 놓을 때에도 똑같은 방법으로 한다.

업체에 따라 카드를 왼쪽 방향으로 놓아가는 경우, 또는 오른쪽 방향으로 놓아가는 경우도 있다.

〈그림1〉 1/4위치

〈그림2〉 왼쪽(좌하) 방향

〈그림3〉 오른쪽(우하) 방향

〈그림4〉 좌우(지그재그방향)

▶ Cut Card / Shuffle 끝난 후에 표시를 지시하는 카드.(Indicating Card) 이 카드는 player에 의해서 사용되며, Cut Card 위치는 안쪽으로 2/3 위치하는게 보통이나 업체에 따라 2/3에서 3/4 사이에 위치하는 경우도 있다.

▶ Initial Card / (Original Card)=First Two Card, 딜러가 좌측에 있는 player부터 우측 끝에 있는 player까지 카드를 나누어 주는데 player 의견과 관계없이 딜러가 카드을 open해서 나누어준 두 장이 카드를 뜻한다.

▶ Box / Lay Out 상에 침들을 배팅하는 장소로 원형 또는 사각형이(업체에 따라 디자인 다를 수 도 있음) 그려진 것(Betting Place)

▶ Hand / 한 Box에서 이루어진 한 판.

▶ One Round / One Game이 진행되거나 종료된 상태.

▶ Black Jack / First Two Card 가 1장의 Ace, 1장 10-카드로 조합이 되어 21점이 되었을 때.

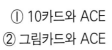

① 10카드와 ACE
② 그림카드와 ACE

▶ Burst(Break) / 카드의 숫자의 합이 21점이 넘어갔을 때, 자동으로 패하게 된다.

딜러는 게임자가 추가 카드를 받다가 21점이 넘으면 자동적으로 패하므로 딜러는 가장 먼저 게임자의 베팅 금액을 갖고 오고 다음에 카드를 갖고 discard rack(holder)에 넣는다.

〈그림 1〉 Burst 카드

〈그림 2〉 Discard Rack에 넣는 경우

▶ Burn / play하는 장소에서 떠난 카드 (버리는 카드). Burn카드는 Discard Rack(Holder)에 Face Down으로 보관하며, 업체에 따라 시작할 때 두장 또는 Deck 수에 비례해 뽑아서 Discard Rack(Holder) 속에 넣는다.

〈그림 1〉 두장 뽑는 경우

〈그림 2〉 Deck 수에 비례

★ SINGLE, DOUBLE DECK GAME

Single, Double Deck Game은 Shoe을 사용하지 않으며 Shoe대신 왼손을

사용하며(그림1 참고), 오른손으로 카드를 Deal하며 Initial card는 Face Down한 상태로 베팅 금액과 게임자 사이에 카드를 던져 준다(그림2 참고).

　　추가 카드는 베팅 박스에 Face Up한 상태로 놓는다.게임자는 추가 카드를 받을 때에 카드를 잡은 상태에서 안쪽으로 한번 또는 두 번 정도 끌어당기면 Hit을 뜻하며, Initial card를 베팅 칩스 밑에 집어넣으면 Stay이 표시이다. 추가 카드를 받다가 Burst가 되면 갖고 있는 Initial card를 베팅 금액 앞으로 던져주면 된다.

〈그림 1〉　　　　　　　　　　　〈그림 2〉

4. 딜러 실무절차 (General Dealer Procedures)

① 모든 카드는 딜러의 왼손 쪽에 자리 잡은 Shoe로부터 딜링이 되어진다.

② 딜러는 왼손으로부터 카드를 뽑아서 오른손으로 들려져 상단쪽으로 잡아 앞면으로 돌려 베팅 박스의 라인 바로 아래에 놓는다.

③ Lay Out 위에 표시된 일곱 개의 배팅 박스 이외에는 카드가 딜링되지 않는다.

④ 모든 Bet는 배팅박스만 사용되어져야 한다. 칩들이 라인 밖이나 중간 사이에 있다면 No Bet로 인정한다. 게임자는 그들이 앉아 있는 박스 앞에서만 자기 카드에 대한 Call을 할 수 있다.

⑤ 딜러는 항상 카드가 나누어지기 전에 테이블의 최저금액보다 적게 되었는지 또는 최고금액보다 많게 되었는지 (Limit Board 금액) 확인해야 한다. 일단 First Card가 나누어졌다면 변경이 가능하나, New Bet를 만드는 어떤 게임자도 허용하여서는 안된다.

⑥ 카드는 딜러의 왼쪽으로 출발해서 계속적으로 시계방향으로 테이블을 돌

면서 카드가 나누어지게 된다.

⑦ 딜러는 카드를 나누는 중에 다른 게임자의 카드를 섞어서는 안된다.

⑧ 모든 게임자 카드는 Face Up(앞면) 왼쪽으로 출발해서 계속적으로 시계방향으로 테이블을 돌면서 카드가 나누어지게 된다.

⑨ 먼저 각 게임자가 카드 한 장을 받고 딜러도 카드 한 장을 뒷면으로 받는다. 두 번째 카드는 각 게임자에게 나눠어진 First Card의 왼쪽 모서리에 대각선으로 놓여진다. (First Card의 숫자와 무늬를 최대한 볼 수 있도록) (두 번째 카드는 첫 번째 카드 위 1/4 위치에 놓는다.)

⑩ 뒷면으로 나눠어진 First Card 위에 앞면으로 딜러의 핸드에 나눠어진 것이 Second Card이다.

⑪ 딜러는 블랙잭을 가지고 있는 지 확인하기 위하여 밑바닥의 카드를 보는 것이 허용되기도 한다(딜러의 Showing Card가 Ace일 때).

⑫ 게임자의 딜을 완료 후에 딜러는 그의 바닥카드를 오픈시켜서 앞면으로 돌려놓을 때 딜러의 First Card는 자신의 왼쪽에, 두 번째 카드 (Subsequent Card)는 첫 번째 카드의 오른쪽에 카드와 카드 사이를 간격이 있게 놓는다.

*딜러교대시

① 인사: 45°로 굽히면서 Good Morning Sir라고 한다

② 테이블 Limit를 확인한다.

(예 1)

① Place your bets (down), please.

② Any more bets, please.

③ No more bets, please.

④ Betting 금액 확인 (최저, 최고 금액)

⑤ 카드 분배(deal)는 시계방향으로

  - 딜러가 카드를 deal 할 때 왼쪽 손으로 shoe에서 카드를 뽑으면서 카드를 open시키고 오른손으로 카드를 넘겨준다. (그림 참고) 왼손은 카드 뽑을 때를 제외하고는 항상 shoe 위에(카드 뽑는 쪽 위) 올려 있어야 하며, 특히 왼손으로 카드를 뽑아서 shoe에서 멀리 떨어진 곳에서 오른손

으로 카드를 넘겨주지 말라. 가능하면 shoe 앞에서 넘겨야 좋다.(그림 참고)

〈그림 1〉

〈그림 2〉

⑥ Initial Card를 게임자와 딜러까지 나누어준다.오른손 인지끝은 카드의 중앙에 위치하고 엄지는 카드를 살짝 밀어준다.

⑦ 게임자는 Initial Card를 보고 추가 카드를 Hit 또는 Stay 한다.

〈그림 2〉 딜러는 베팅금액을 갖고 옴

〈그림 3〉 딜러는 카드를 갖고 오기위해 밑에서 위쪽으로 밀어놓은 상태에서 카드를 갖고 Discard Holder 에 넣는다.

〈그림 1〉 게임자가 추가카드를 받고 25가 되었음. 딜러로 25라고 counting하고 Bust하고 calling한다.

⑧ 게임자 모두 게임 끝나면 딜러는 홀 카드를 open한다. 홀 카드 펴는 방법은 2가지 방법을 사용하고 있는데, 첫째가 〈그림2〉와 같이 딜러 안쪽으로 끌어 당기면서 펴는 방법, 둘째는 〈그림1〉과 같이 open 카드를 잡고 좌측 밑으로 넣어 펴는 방법.

〈그림 1〉

〈그림 2〉

⑨ 딜러 카드는 17 이상 되면 카드를 받지 않는다.
⑩ 딜러는 시계반대방향으로 게임자의 카드 합계를 보면서 win 또는 lose에 따라 계산한다.

〈그림 1〉 게임자가 추가 카드를 받음. 딜러는 8 또는 18이라고 카운팅한다. 게임자는 18로 계산하고 Stay한 상황

〈그림 2〉 딜러가 Hold카드 Open하고 추가카드를 받고 합이 17이 되므로 Stay한 상황

〈그림 3〉 딜러는 "18" win calling하고 게임금액에 1:1로 지불한 상황

⑪ 게임 중에 shoe에서 cut 카드가 나오면 그 게임은 진행되고 다음 게임은 끝나며, 새로 Shuffle해야 게임이 진행될 수 있다. 따라서 딜러는 게임 끝났음을 알리는 방법은 그림과 같다.

* 게임끝났음을 알리는 방법
 1) Shoe속에 남은 카드를 꺼내서 테이블위에 showing하듯이 펼친다.

2) Cut Card만 Table위에 놓는다.

(예 2) 블랙잭게임 기본 Calling
        - Place your bets, please.
        - Any more bets, please.

- No more bets, please.
- Card Shuffle
- Cutting, please.
- Burning Card
- Check, please.
- Change Color (or Color Change)
- Money Count (or Money Change)
- Even Money
- Last Call
- No Black Jack
- Black Jack Pay
- Pair Split
- Double Down
- Hit, Stay
- Surrender
- Insurance
- Push (or Tie)
- Bust
- Thank you, for the dealer.
- Last Game
- Re-Shuffle

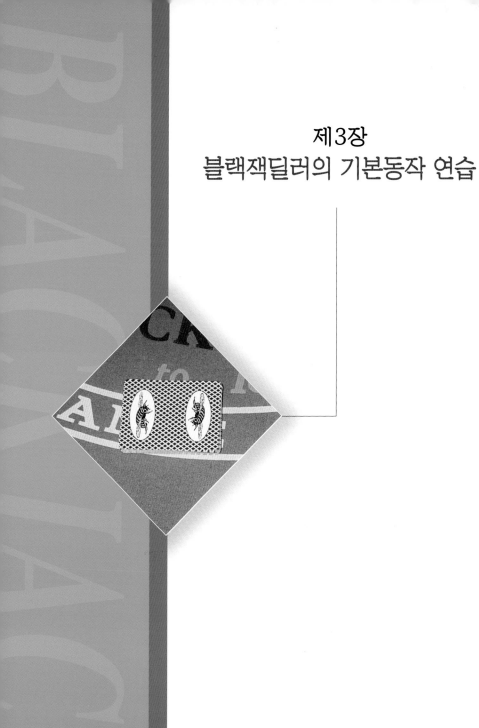

제3장
블랙잭딜러의 기본동작 연습

블랙잭 딜러의 기본동작 연습

1. 블랙잭의 오프닝과 게임카드 (Blackjack Opening Game/Cards)

(1) 새로운 카드가 게임 중인 테이블에 있는 경우
   ① 정기적으로 카드를 교환할 때
   ② 카드가 더럽혀졌거나 취급하기에 어려움이 있다고 판단될 경우
   ③ 테이블 운영상 새로운 카드가 필요하다고 결정된 경우
(2) 테이블을 오픈하면 맨 처음 딜러는 각 Deck를 검사한다.
   ① 모든 카드를 왼쪽에서 오른쪽(Clock-Wise) 시계방향으로 펼쳐놓고 (Spread) 이상유무를 확인한다.
   ② 앞면, 뒷면, 흠집여부도 검사하여 필요한 경우 교체한다.
   ③ 어긋나거나 일치하지 않는 Suit Type을 발견하면 즉시 간부에게 보고한다.
(3) 만약 일치하지 않는 것이 발견되면 간부가 사용 불가능한 카드는 폐기시키고 같은 숫자와 같은 컬러를 맞추어 교체하여 준다. 손상된 카드가 교체될 때까지 게임을 진행하지 않는다.
(4) 카드 검사가 끝난 후에 Face Down(뒷면)하여 Washing을 한다. Washing을 한 후에 Stack을 만든 후에 Shuffle 한다.
(5) Tray 속의 Bank Roll은 가장 높은 금액의 칩을 중앙으로부터 낮은 금액의 칩을 양쪽으로 50개씩 단위로 정렬하는 것이 좋다. 또는 가장 높은 금액의 칩을 왼쪽으로부터 낮은 금액의 칩을 오른쪽으로 정렬한다. (예: Gold칩:50개, 10만칩:200개, 1만칩:200개, 5만칩:50개. 1천칩 50개)

(6) Cutting은 적어도 끝으로부터 10장 이상 되어져야 한다.

(7) Cutting이 되었을 때 Cut Card 앞부분의 카드는 Card Stack의 뒤로 옮겨지며 다시 그 Cut Card를 가지고 뒤쪽으로 One And a Half Deck를 Cutting한다.

(8) Stack 안에 Cut Card를 넣은 후 진행을 개시하기 위하여 Shoe 안에 넣게 되며 그 첫 카드와 두 번째 카드를 뒷면으로 해서 버린다 (Burning Card).

(9) 기타 운영상 필요하다고 인정될 때 Change Shuffle 등을 할 수 있으므로 지시사항에 호흡을 맞출 수 있는 딜러가 되어야 한다.

(10) 다른 게임자가 진행을 원한다고 해서 계속되는 게임에 Shoe 안에 있는 카드를 꺼내서는 안된다. 즉 Re-Shuffle은 항상 점유되어 있지 않은 테이블상황에서만 이루어지는 것이다.

2. SHUFFLE 과 CUT CARD

딜러는 Shoe에서 게임 중 Cut Card가 나오면 그 핸드부터 종료되므로 담당간부에게 알린 후 지시에 의하여 Shuffle한다.

① Shoe 혹은 Discard Rack으로부터 카드를 옮길 때에는 먼저 "Shuffle"이라고 말하고 담당간부로부터 긍정적인 대답을 기다려야 한다.

② 간부의 "Shuffle"이라는 대답에 의하여 딜러의 Shuffle이 시작된다.

③ Shoe안에 있는 카드를 꺼내서 Discard Rack으로 옮긴 후 다시 Discard Rack에 있는 카드를 반반씩 꺼내 Shoe 의 약간 앞쪽에 놓는다.

④ 만약 Discard Rack에 카드가 옮겨진 후에 카드가 부족하거나 많다고 생각되면 간부에게 알린다.

⑤ 딜러의 왼쪽에 카드는 한 묶음으로 만들어져 있어야 하고 Shoe는 게임자와 딜러의 사이에 놓여져 있도록 한다.

⑥ 그 묶음의 꼭대기부터 One And Half Deck씩 옮겨 Strip, Shuffle, Cutting을 3회 정도 반복한 후 중앙에 놓여진다.

⑦ Shuffle이 끝난 후 카드의 뒷면을 보게 된 Stack으로 손님에게 Cut할 것을 권한다. Cut의 순서는 게임자의 시계방향으로 이루어지며 아무도

Cut를 원하지 않는다면, 딜러는 간부의 승인을 얻은 후 Cut하여도 된다.

3. DISCARDS

(1) 게임자의 카드를 Taking할 때 다음 순서로 진행해야 한다.
  ① 딜러는 오른손으로 카드를 Take 하는 것을 원칙으로 한다.
  ② 딜러는 먼저 손으로 Hands의 카드를, 다시 Hands의 카드로 다른 Hands를 Take한다.
  ③ 게임자의 카드는 차례대로 오른쪽에서 왼쪽으로 한다.
  ④ 모든 Hands의 카드가 Taken 되었을 때 처음핸드가 Stack의 바닥이 되고 딜러의 핸드가 맨 위로 간다.
(2) 모든 카드는 Holder 안에 뒷면으로 놓여져 있어야 한다.
(3) Hand를 증명할 때 첫 번째 핸드는 딜러의 핸드이고 3rd Base로부터 1st Base로 계속된다.
(4) 딜러는 문제가 발생하여도 확실히 구분, 증명할 수 있도록 정확히 Take하여 Card Up되도록 한다.

4. HOLE CARD

① 딜러의 카드 첫 장은 Face Down되어 Second 카드(Top)에 의하여 완전하게 덮여 있어야 한다.
② 딜러의 Second Card(Showing Card)가 Ace일 때 블랙잭인지 아닌지 Hole Card를 보아야 한다.
③ 딜러의 Top Card를 반정도 미끄러뜨리고 Down Card의 중앙을 부드럽게 들어올리고 신속한 동작으로 블랙잭 여부를 확인한다.
④ 딜러의 Top Card가 제자리로 원상 복귀된다는 것은 게임자의 핸드가 진행된다는 것이다.
⑤ Hole Card는 절대 모서리를 들어서 확인하는 일은 있어서는 안된다.
  * 딜러는 지시된 절차대로 "INSURANCE"라고 Call할 의무가 있다.

〈그림 1〉 open 카드를 화살표 방향으로 약간 (1/5-1/4) 밀어내 보는 경우

〈그림 2〉 open 카드와 일치한 상태에서 왼손 을 감싸고 보는 경우

5. INSURANCE

Insurance는 다음과 같이 처리된다.

① 딜러의 Face Card가 Ace 일 때 "Possible Black Jack Insurance"라 고 테이블의 모든 게임자가 충분히 들을 수 있게 말한다.

② Insurance Bet은 게임자의 원금의 $\frac{1}{2}$ 이하의 금액을 만들어 게임자의 카 드 앞에 놓는다.

③ 딜러는 게임자에게 Insurance Bet을 만들 것인지 결정할 충분한 시간을 준 후에 "Last Call For Insurance"라고 말한다.

④ 그런 다음 딜러는 Hole Card를 본다. 만약 블랙잭을 가졌다면 "Black Jack"이라고 말하면서 Hole Card를 오픈한다. 딜러는 게임자의 베팅 금액을 갖고 온 다음 게임자의 보험금액에 두 배로 지불해 준다.

⑤ 딜러가 블랙잭을 가지고 있지 않다면 "No Black Jack"이라고 말한 다 음 Insurance Bet을 걸어오고 게임은 계속된다.

⑥ 게임자가 블랙잭 나왔을 때 딜러는 게임자에게 Even Money할 것인지 확인하고 게임자가 Even Money하면 베팅금액에 1배만 지불하고 카드 를 갖고 오며, 만약 게임자가 Even Money 하지 않는 경우 딜러는 Hole Card를 보고 블랙잭이 나오면 Tai가 되며 블랙잭이 아니면 1.5(150%) 배를 지불하고 카드를 갖고 온다.

〈그림 1〉 Insurance 금액을 받는 경우   〈그림 2〉 player가 블랙잭 일 때 Even Money 확인하는 경우

▶ 딜러 오픈 카드가 10 카드가 나왔을 때

1) 우리나라 카지노업체

① 게임자가 블랙잭이 나왔을 때 딜러는 가장 먼저 블랙잭 금액을 지불하지 않고 게임자에게 추가 카드를 모두 나누어준 다음 딜러의 홀 카드를 오픈하고 블랙잭이면 Tie가 되며 블랙잭이 아니면 제일 먼저 블랙잭 지불을 또는 블랙잭이라도 오른쪽 게임자로부터 순서대로 지불해준다.

② 게임자가 게임 중에 Double Down이나 Split할 경우 딜러의 홀 카드를 오픈시켜 블랙잭이 나오면 원금과 Double Down, Split 금액을 딜러가 모두 갖고 간다

2) Las Vegas 카지노업체.

① 딜러는 홀(Hole) 카드를 센서 또는 Insurance 때에 홀카드 보는 것과 같은 방법으로 블랙잭인지 확인하여 블랙잭이면 홀 카드를 오픈시켜 게임자의 베팅금액을 갖고 오고 다시 카드를 갖고 온다. 블랙잭이 아니면 게임을 진행한다.

② 딜러가 게임자에게 추가 카드를 주고 딜러의 홀 카드를 오픈해서 블랙잭이 나오면 베팅 원금만을 갖고 오고 split, double down 베팅한 금액에 대해 게임자에게 돌려준다. 블랙잭이 아닐 경우 딜러의 나온 카드 합에 따라서 게임자에게 지불을 하던지 갖고 온다.

③ 해외 카지노업체는 본 규칙을 적용하는 경우가 많고, 국내 업체는 대부분 적용하지 않는다.

6. SPLITTING HANDS

① 언제라도 게임자에게 나누어진 첫 카드 2장이 바로 그대로(Identical) 동등한 수치라면 게임자는 원금과 동등한 금액으로 2개의 핸드로 Split 되어진다.

② 게임자가 Split Pairs 일 때 딜러는 두 핸드에 각각 두 번째 카드를 딜링 한다.

③ 만약 또하나의 같은 수치의 카드가 나누어지면 Split를 다시 할 수 있다.

④ 게임자는 더블을 제외한 Hit, Stay등의 의사표시를 할 것이다. 딜러는 2nd Hand를 진행하기 전에 1st Hand(왼쪽)부터 완료되어야 한다.

⑤ 게임자가 Aces를 Splitting 할 때에는 각 Ace에 오로지 한 장의 카드만 받을 수 있다.

⑥ 예를 들어 게임자가 5를 2장 가졌다면 Double인지 Splitting인지 딜러 는 확실한 의사표시를 확인해야 한다.

⑦ 해외 카지노업체는 게임자가 Splitting일 때 더블을 할 수 있으며, 국내 인 경우 더블을 할 수 없다.

⑧ 카지노업체에 따라 다른 경우가 있다.
　- 에이스 카드를 제외한 카드는 4번까지 또는 무한정 splitting 할 수 있다.
　- 에이스 카드도 한번 또는 4번까지도 splitting이 가능하다.

① ACE

(split 전)

(split 후)

② 기타카드(ACE제외)

(split 전)

(split 후)

7. DOUBLING

① 게임자는 Initial Card(First Two Card)일 때, Double할 수 있다. 따라서 Ten(5+5)일 때 게임자가 Double인지 Split인지 분명히 알고 있어야 한다.

예: Aces(1+1) Fives(5+5) Sixes(6+6)

② 게임자가 받은 카드 두 장의 합계가 얼마가 되던지 원금과 대등한 금액을 Bet했다면, Double이 된다. 일단, Doubling Player가 되었다면 그 Bet에 대하여 오직 추가 카드를 한 장만 받을 수 있다.

③ 게임자의 Double금액을 Double Card가 나누어지기 전에 Original Bet에 대등한 금액을 베팅 한다.

④ Double은 각 Stack을 Size / Match하여 진행할 때, 그 Bet를 한 Stack으로 결합시키지 말고 그 상태로 Size / Match하여 지불한다.

⑤ Doubling을 하고자 할 때 통화나 고액의 칩을 내놓았을 때 크게 Call Out하고 Making Change하여 Double 금액만큼 Size / Match한 나머지 금액을 되돌려 준다.

⑥ Double Bet에서 한 장만 받을 수 있는 게임자의 카드는 옆쪽으로 앞면이 보이도록 놓는다.

⑦ Double은 업체에 따라 Initial Card 합이 9, 10, 11에서만 가능하며, 또 다른 업체는 합이 어떤 숫자와 관계 없이 가능하다. 대부분 업체는 후자를 선택 사용하고 있다.

① Double Down 전

② Double Down 후 3번째 카드
　위치 2가지 방법

　　ⅰ) 간격을 두고　　　　　　　　ⅱ) 붙여서

8. SURRENDER(GIVE UP)

게임자가 Initial 2 Card를 받은 다음 그 핸드를 계속 게임하기 전에 원금의 절반을 양도함으로써 자신의 핸드를 포기할 수 있다.

① 게임자가 포기할 배팅금액의 1/2을 딜러가 계산한다. 게임자는 딜러의 계산 전에는 자신의 원금을 만질 수 없다.

② 게임자의 포기결정은 게임자 자신의 의사표시 순번이 되었을 때 Surrender 의사표시로 이루어진다.

③ 게임자가 Surrender를 원하면 딜러는 원금을 둘로 나누어 반은 게임자에게 돌려주고 나머지 반은 딜러가 가져온다.

④ 게임자가 Surrender할 의사를 밝히면 딜러는 우선 "Surrender"이라고 크게 말하고 위의 절차를 밟는다.

⑤ 일단 배팅의 금액을 나누어 게임자에게 주고 나머지 반 금액을 Tray에 넣은 다음 딜러가 두 장의 카드를 Discard Rack에 넣고 다음 번 Hand로 넘어간다.

⑥ 딜러의 open 카드가 Ace인 경우 업체에 따라 Surrender가 안되는 경우와 되는 경우가 있는데, 국내 카지노업체는 Surrender를 할 수 없다.

⑦ 게임자는 그림과 같이 손가락을 화살표 방향(좌에서 우로)으로 의사표시
하면 Surrender를 뜻한다.

9. MINIMUMS 와 MAXIMUMS

① 어떠한 명칭의 게임이라도 최소 값(Minimum)과 최대 값(Maximum)
의 Bet에 대하여 테이블 한계표시가 명시되어야 한다.
② Double Down Bet과 Split는 원금에만 최소 값과 최대 값의 한계가 적
용된다.
③ 딜러는 근무에 임하기 전에 테이블의 최소 값과 최대 값을 알고 있고 게
임자에게 알려야 하는 책임이 있다. 딜러가 최소 Bet 금액을 알려주지
않은 상태에서 게임자가 최소 값보다 적은 Bet으로 진행하였을 때 이미
게임이 진행되어진 Bet은 현재의 Bet된 금액만 지불한다. 또 게임자의
실수로 허용할 수 없는 테이블 최대금액보다 많은 금액이 Bet 되었을 때
는 오직 테이블 최대 값만 받거나 지불한다.
  * 딜러는 어떤 경우라도 상황을 혼자서 해결하려고 시도해서는 안된다. 문제가
  발생하면 즉시 담당 간부에게 알려야 한다.

10. TAKING 과 PAYING

① 딜러의 딜링 업무 완료에 따라 순서에 의하여 딜러의 오른쪽 가장자리부
터 시작한다.

② 딜러는 2 Hand 혹은 3 Hand씩 처리한다. 예를 들어 5Hand를 게임자가 배팅했을 경우 3Hand를 받거나 지불한 후 카드를 거두고 다시 2 Hand를 받거나 지불한다.

③ 딜러가 Bust일지라도 각 게임자의 합계를 계산한다.

④ 현란한 배팅으로 배팅금액에 변화를 주는 게임자에 주의한다.

⑤ 게임자에게 지불할 때 그 게임용 칩을 쓰러뜨리거나 던져서는 안된다. 필히 Size / Match 한다.

⑥ 딜러는 게임자의 Bet에 지불의 행위는 신속하게 한다. 만약 틀린 금액으로 지불했다면 계산이 틀린 금액의 칩을 되돌려 받고 올바른 금액으로 다시 지불한다.

⑦ Tie Hand나 Push는 해당 Hand에서 분명히 지적하여 Sand Off / Push라고 말하여 주거나 Bet 되어진 테이블의 가장 가까운 표면을 탁탁 치며 표시하여 준다.

* 의문점이 있을 것 같은 Hand는 분명히 짚고 넘어가야 한다.

▶ Chips Cutting

① Chips 5개 이하를 Chips Tray에서 꺼낼 때

첫 번째의 칩을 꺼낼 때 오른손 엄지와 검지를 사용한다. (그림1)참고
둘째 칩을 꺼낼 때 첫 번째 칩은 엄지와 검지가 잡고있는 상태에서 중지를 이용하여 꺼내면서 첫 번째 칩에 포개어 잡는다. (그림2)참고
셋째, 넷째, 다섯째 칩도 똑같이 둘째 칩을 꺼내는 동작과 동일하다.

〈그림1〉 첫 번째 칩 꺼내는 경우

〈그림2 〉 둘째 칩 꺼내는 경우

Chips spread시

① 5개이하 : 한줄로

② 6개이하 : 3개씩 2줄

③ 7개이하 : 3개씩 2줄 1개별도

④ 8개 : 4개씩 2줄

⑤ 9개 : 4개씩 2줄로 1개 별도. 3개씩 3줄

⑥ 10개 : 5개씩 2줄

② 5개 이상 칩을 Chips Tray에서 꺼내는 경우

오른손 엄지와 검지를 이용해 필요한 칩스량 만큼 꺼낸다. 순서(그림 1)-〉(그림2)

〈그림 1〉 오른손 엄지와 검지를 필요한 수량   〈그림 2〉 필요한 칩스를 꺼내서놓는다. 칩스를 잡는다.

▶ Chips를 10개 이상 갖고 오는 경우

① 딜러가 갖고 올 칩스량이 많으면 (게임자 3개 이상 핸드의 칩스를 함께 갖고 올 경우) 딜러는 칩스를 잡고 딜러쪽 방향으로 눕힌다. 순서 (그림1)-〉(그림2) 참고

〈그림 1〉 칩스를 잡는 동작   〈그림 2〉 칩스를 눕히는 동작

② 딜러가 (게임자에게 지불하기 위해서) 칩스 Tray에서 10개 이상 꺼낼 때에는 게임자쪽 방향으로 눕힌다.

③ 많은 칩스를 갖고오고 또는 지 불하기 위해서 칩스를 꺼내다 보면 딜러가 실수로 칩스를 흐 트리는 경우가 있다. 이 경우 게 임자가 갖고 있는 칩스 또는 베 팅한 칩스와 합쳐 질 경우가 있 기 때문이다.

〈그림 3〉

11. 게임자와 HAND에 HITTING (Hitting The Player's Hand)

① 게임자는 카드를 취급할 수 없다. 따라서 게임자의 분명하고 명백한 손 동작에 의해 "Hit" 또는 "Stay(Stand)"로 구분된다. 또한 "Cards", "Stay"라는 용어를 사용하기도 한다. 이 모든 신호는 분명하고 명백하여 야 함을 다시 한번 강조한다.

② 각 게임 자와 딜러에게 두 장의 .카드가 나뉘어진 상태에서 왼쪽에서 오 른쪽으로 각 게임자의 카드 숫자의 합을 알려주면서 시작된다. 이때에 게임자는 Double, Split 혹은 Hit 등원하는 의사표시를 할 것이며 딜러 는 각 게임자의 카드 합의 숫자를 알려준다.

③ Hit 카드는 게임자의 핸드카드 모서리로 계속 연결되어져야 한다.

④ 카드가 딜러의 실수나 판단착오에 의하여 보여졌더라도 그것을 다음카드 로 인정하나 게임자는 보여진 카드를 추가의 카드로 받아들이지 않아도 된다. 만약 보여진 카드를 원하는 게임자가 없다면 그 카드는 딜러의 핸 드로 가야 하나, 딜러의 핸드가 Pat Hand라면 그 보여진 카드는 Burning시킨다.

⑤ 게임 중에 간혹 Shoe 안에 앞면 쪽으로 돌려져 있는 카드를 발견했을 때 는 이 역시 Discard Rack으로 Burning 시킨다.

⑥ 게임자의 카드 합의 숫자계산은 게임자에게 책임이 있다. 딜러가 합을 말하여 주는 것은 다만 그 합을 게임자가 대조하라는 것뿐이다.

  * Exposed Card가 다음 Hand의 첫 카드가 되어서는 안된다.

⑦ 카지노업체에 따라 딜러의 Hand를 Soft Hand를 인정하지 않고 Hard Hand만을 인정하는 곳이 있어 이 경우 Layout에 보면 보통 "Dealer Must Hit Soft 17"라고 표시되어 있다.

▶ Hit & Stay이 손 동작 형태

① Single, Double Deck 인 경우

Hit : 게임자가 Initial Card를 갖고 그림에 있는 화살표 방향(게임자쪽 방향)으로 2회정도 끌오 당기면 Hit를 뜻한다. (그림 참고)

Stay : 게임자가 Initial Card를 갖고 Betting 한 칩스 밑에 밀어 넣으면 Stay를 뜻한다.

② 4 Deck 이상 사용할 경우

　Hit : 게임자가 손으로 그림에 있는 화살표 방향으로(게임자쪽 방향) 2
　　　회정도 끌어 당기면 Hit를 뜻한다.(그림 참고)

　Stay : 손으로 그림에 있는 화살표 방향으로(좌우 방향) 2회정도 움직이
　　　면 Stay를 뜻한다. (그림 참고)

12. 딜러 HAND 에 HITTING (Hitting The Dealer's Hand)

① 모든 게임자의 Hand 진행이 끝난 후에 딜러는 Down Card를 Open 시
　키어 놓고 카드 두 장의 합을 알려준다.
② 딜러의 핸드가 16이거나 이하면 Hit하여야 한다.
③ 딜러의 핸드가 17일거나 이상이면 Stand하여야 한다.
④ 딜러의 핸드에 카드를 받을 때는 왼쪽에서 가로질러 오른쪽에 약간 벌어
　지게 놓는다.
⑤ 딜러의 핸드가 Break(21이 넘는 숫자)되었을 때 "Dealer Break or

Burst"라고 말해 주고 이미 끝난 핸드 위에 New Bet이 만들어졌는지 게임자의 패를 확인하여야 한다. 따라서 딜러가 Break Hand일 경우 가능한 넓은 시야로 테이블을 주시하여야 한다.

⑥ 딜러가 17이나 혹은 이상의 숫자에 Hit하였다면 그 카드는 Burning하며 원래의 핸드로 Stand On 된다. 이때 카드를 Burning하기 전에 간부의 확인이 있어야 한다.

13. 딜러와 게임자의 추가 카드(ADDITIONAL CARD) (Drawing Additional Card By Player And Dealer)

① 게임진행은 언제라도 추가카드를 받아 자기 숫자의 합이 21을 제외하고 보다 적으면 뽑아도 좋다.

　a. 게임자가 블랙잭을 가졌거나 "Hand 21"이면 추가카드를 받을 필요가 없다.

　b. 게임자는 Double Down에 오로지 한 번만 추가카드를 받을 수 있다.

　c. 게임자가 Aces를 Splitting하였을 때 각 Ace에 한 장씩만 받을 수 있으므로 추가카드를 받을 수 없다.

② 딜러는 Hard 혹은 Soft이든지 합계 17-18-19-20-21의 숫자 중에 어느 숫자가 되든지 추가카드를 받을 수 없으며 16이하이면 추가카드를 받아야 한다.

14. "BLACK JACK"의 지불 방법 (Payment of Blackjack)

① 딜러의 두 번째 카드(Showing Card) (2)-(3)-(4)-(5)-(6)-(7)-(8) 혹은 (9)이고 게임자가 블랙잭을 가졌다면 딜러는 "Black Jack Pay"라는 말을 하고 다른 게임자가 세 번째 카드를 받기 전에 3 To 2 홀수로 지불한다. 그리고 나서 즉시 게임자의 카드는 Discard로 처리한다.

② 딜러의 보여진 카드가 Ace, King, Queen, Jack 혹은 10인데 게임자가 블랙잭을 가졌다면 딜러는 블랙잭에 대해서만 알려주고 모든 카드가 나뉘어질 때까지 상환하지 않는다. 만약 딜러의 카드가 블랙잭이 아니면

게임자는 3 To 2 의 블랙잭 지불금을 받으며 딜러의 바닥패가 블랙잭이라면 게임자의 블랙잭과 Stand Off 가 된다.

③ 블랙잭은 항상 원래의 두 장의 카드가 나누어졌을 때이고 3 To 2로 지불된다.

▶ 블랙잭 지불방법

① Betting한 금액을 하나로 계산하여 지불하는 경우 (그림 참고)

② Betting한 금액을 고액과 저액으로 분리해 지불하는 경우 (그림 참고)

15. Making Change

(1) 메이킹 챈지 Ⅰ. (Color Change)

1) 칩 혹은 통화에서 컬러칩(적은 금액에서 큰 금액의 칩으로 또는 큰 금액에서 적은 금액의 칩으로)교환할 때 다음과 같다.

① 통화 혹은 칩을 당신의 츄래이 앞에 놓는다. 그리고 교환하는 금액은 분명하고 누구도 들을 수 있는 목소리로 말한다.(Check, Color Change 금액을 Call한다)

  * 통화(외국인 포함)의 카운팅 머니 및 명칭에 대하여 별도로 부가할 것임

② 교환할 칩은 고액칩을 제외하고 통상 5단위로 츄래이 앞에서 정리한다.(교환할 칩은 왼쪽에 놓고 교환해주는 칩은 오른쪽에 놓는다.)

③ 게임자 앞에서 교환할 때에는 배팅장소가 아닌 곳에서 한다.

2) 컬러칩 교환은 게임자가 해왔던 배팅금액 기호에 맞도록 한다.

3) 일반적으로 교환은 게임자에게 적어도 테이블 최소 값 액수에 10 단위로 한다.

  ① 한 가지 금액 칩스만 바꿔주는 경우 (그림 참고)

  ② 두 가지 금액 칩스로 바꿔주는 경우 (그림 참고)

4) 칩은 다음과 같이 정리한다.

  ① 금액이 다른 경우 : 금액별로 분리 (그림 1) 참고

② 같은 금액인 경우 : ⓐ 5개 이하 (그림 2) 참고

ⓑ 6개 -〉3개, 3개로 표시 (그림 3) 참고

ⓒ 7개 -〉5개, 2개로 표시 (그림 4) 참고

ⓓ 8개 -〉5개, 3개로 표시 (그림 4와 동일)

ⓔ 9개 -〉5개, 4개로 표시 (그림 4와 동일)

ⓕ 10개 -〉5개, 5개로 표시 (그림 4와 동일)

ⓖ 11개 -〉5개, 5개, 1개로 표시 (그림 5) 참고

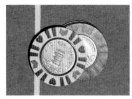

〈그림1〉 금액별로 분리

〈그림2〉 5개 이하

〈그림3〉 6개

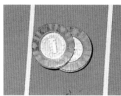

〈그림4〉 7개 - 10개

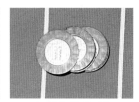

〈그림5〉 11개 이상

(2) 메이킹 챈지 Ⅱ

1) 게임 테이블에서 현금 및 수표가 나왔을 때의 처리절차

① "Money Change"라고 말하고 담당 간부에게 알린다.

② 담당간부의 감독하에 동일 액면가 별로 5장 내지 10장 단위로 속셈하여야 한다.

③ 계산한 금액을 손님과 담당간부가 알아들을 수 있을 정도의 크기로 말한다.

④ 확인된 현금(수표)은 가지런히 모아서 테이블 우측 Discard Holder 앞에 놓는다.

⑤ 수표(특히 고액)의 경우는 수표의 뒷면에 연락처 및 서명을 받는다.

가능한 한 손님의 신원을 파악할 수 있는 모든 조치를 취한다.(여권번호, 전화번호, 주소, 방번호 등)

⑥ 딜러는 확인된 현금(수표)과 동일한 금액의 칩을 테이블 중앙에서 정리하여 담당간부의 확인을 받은 후 고객에게 공손히 지불한다.

⑦ 환전원은 테이블에서 확인된 금액과 동일한 액수를 게임장에 비치된 머니슬립에 화폐의 종류(현금, 수표), 테이블 번호, 시간 등을 빠짐없이 명기하고 담당간부의 확인을 받은 후 화폐와 머니슬립을 한 묶음으로 만들어 딜러가 직접 Drop Box에 넣는다.

⑧ 담당간부는 테이블 Slip으로 고객을 확인 혹은 보호해야 한다.

▶ Money Change 방법
① 세로로 놓는 경우 : 지폐를 가로와 세로 방향으로 놓는 경우
　ⅰ) 돈을 전체적으로 계산하는 경우 (그림 참고)

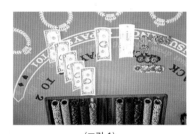 

〈그림 1〉　　　　　　　　　　〈그림 2〉

　ⅱ) 돈을 부분별(고액과 저액, 화폐별)로 계산하는 경우 (그림 참고)

〈그림 1〉　　　　　　　　　　〈그림 2〉

② 가로로 놓는 경우

2) 게임 테이블에서 외국환(T/C)이 나왔을 때 처리절차
  ① "Money Change"라고 말하고 담당 간부에게 알린다.
  ② 담당간부의 감독하에 동일 액면가 별로 5장 내지 10장 단위로 펼쳐서 계산한다.
  ③ 계산한 금액을 고객과 담당간부가 알아들을 수 있을 정도의 크기로 말한다.
  ④ 담당간부는 딜러의 셈과 외국환이 일치하면 그에 해당하는 한화를 딜러와 고객에게 일러 준 후 그 금액과 동일한 Lammer를 Discard Holder(버려진 패를 놓는 곳) 앞에 펼쳐보인다.
  ⑤ 확인된 외화는 가지런히 모아 테이블 우측 Discard Holder앞에 놓는다.
  ⑥ 딜러는 해당금액의 칩을 테이블 중앙에서 정리하여 담당 간부에게 확인을 받은 후 고객에게 공손히 지불한다.
  ⑦ 고객에게 칩으로 지불된 외화는 Paddle 뒤에 놓는다. 이때 담당간부는 환전원을 불러 금액을 확인시키고 환전토록 지시한다. 환전시에는 반드시 회사에서 정한 용기를 사용하도록 한다.
  ⑧ 환전해 온 영수증을 담당간부가 확인 후 딜러에게 재확인시킨다. 딜러는 본인이 지불한 금액과 영수증과 Lammer의 금액이 동일한가를 확인한 후 직접 Drop Box 에 넣는다.
  ⑨ 환전원은 금액을 정확히 테이블 Slip에 기록한다.
  ⑩ 담당간부는 Drop Box확인이 끝나면 Lammer를 치운 다음 테이블 Slip의 기록 상태(누락 여부)를 확인한다.

⑪ 게임에서 발행한 외국환 매각 신청서에는 여권번호, 이름, 방번호 등을 직접 기록토록 한다. 작성된 외국환 매각 신청서 원본은 보관하고 복사본은 고객에게 건네준다.

3) T/C의 경우도 위의 절차와 동일하나 담당간부가 반드시 해야할 일

① 딜러에 의해 확인된 금액을 확인하고 T/C의 상,하단에 기록해야 할 고객의 서명을 확인해야 한다.(상, 하단 서명의 동일 여부)

② 반드시 상, 하단 두 곳에 서명을 받아야 한다.

③ 여권의 확인을 요구한다.

4) FILL/ CREDIT

① Fill 및 Credit는 딜러가 직접 칩을 정리하며 담당간부에게 말하여 준다.

② 딜러만이 자기 테이블의 Tray의 안에 있는 칩을 담당간부의 요구에 의해 만질 수 있다.

③ 담당간부는 눈으로만 확인하여야 하며 확인이 어려우면 딜러에게 확인할 수 있도록 요구한다.

④ 딜러는 Fill/Creadit Slip과 칩이 동일한지 항상 확인해야 할 책임이 있다.

⑤ Fill 및 Credit시 뱅커케샤에 의해서만 칩의 이동이 가능하다.

16. 게임테이블에서의 딜러 TIPS (Tips Procedures)

(1) 게임자는 자신의 Bet 앞에 "Bet For The Derler"칩을 놓고 게임하기를 바란다. "Bet For The Derler"는 게임자에 의하여 정해진 장소에 있다. 그것은 게임자의 Bet와 같이 쌓아올려져서는 안된다. 이 경우 게임자의 Bet 이 넘어졌다면 어느 칩으로 간주하여야 하는지 문제가 있으므로 그 Bet이 게임자를 상대로 분명히 해야 한다. 게임자의 Bet와 "Bet For The Derler" 의 사이를 구별하여 쉽게 식별할 수 있도록 해야 한다.

① 딜러 Burst일 때 Rack 안에서 칩을 집어 전체 네이블을 지불한 후에 "Bet For The Derler"의 그 Bet을 집어 Rack을 탁탁 치면서 상냥

한 목소리로 "Thank You For The Bet"라고 말한 후에 Holder 뒤에 놓은 다음 딜러는 테이블의 카드를 걷는다.

② 게임자가 Burst 일 때 딜러는 게임자의 Bet을 먼저 받은 후 위와 같은 요령을 승패에 관계없이 딜러는 "Bet For The Dealer"를 가져온다.

(2) Bet Box에서 게임자의 Bet 없이 "Bet For The Derler"만 배팅되었다면 그 게임은 진행될 수 없다.

(3) 팁은 담당 테이블 간부에 의하여 모아져서 즉시 팁부스 안에 넣는다.

(4) 게임 중인 테이블에서 카지노 종사원 누구에게 팁이 주어졌더라도(업장 외의 장소 포함) 딜러의 팁부스에 넣어야 한다.

(5) 팁은 야간근무시간 종료를 기본으로하여 딜러가 팁을 받는다. 셈을 확인한 후 다시 지배인과 확인 장부에 딜러와 간부의 확인서명을 받는다.

(6) 팁부스의 열쇠와 자물쇠는 딜러의 책임이며 경영자는 어떤 열쇠도 맡지 않는다.

(7) 게임자가 딜러에게 영업장을 떠나서 팁을 주려는 경우 딜러는 영업장 안으로 들어와 담당간부의 입회 아래 그 팁을 받아야 한다. 딜러는 영업장 바깥에서 팁을 받아서는 안된다.

(8) 팁이 적든 많든 개의치 말고 미소로서 인사한다.

(9) 친절과 미소, 세련된 매너는 당신의 팁을 직결되었음을 알아야 한다.

17. 딜러의 릴리브 (Relief of Dealers)

① 딜러는 교대가 이루어졌을 때에는 모든 거래가 완료되어야 한다.

② 교대 딜러는 테이블의 중앙, 상단 앞쪽으로 Shoe를 가볍게 밀어놓고나서 양손을 들고 손바닥을 펴서 모두에게 보인 다음 테이블을 떠난다. 교대할 딜러는 Shoe가 있는 쪽에서 들어와야 하며 게임과 관계없이 한 딜러 사이에 대화가 있어서는 안된다.

③ 교대된 딜러는 휴게실로 곧장 가야 하며 영업장 지역에서 불필요한 대화는 피해야 한다.

④ 휴게실 출입시 딜러는 단체로 영업장으로 들어오거나 나가야 하며 개인적인 행동을 해서는 안된다.

⑤ 딜러는 휴식에서 교대를 기다리는 사이 영업장 내 비어 있는 테이블에 앉아서는 안된다.

⑥ 교대자가 늦어질 때에는 즉시 담당간부에게 알리고 교대자가 도착할 때까지 딜링을 계속한다.

제4장
실수했을 때 처리방법

제 4 장

블랙잭 딜러의 기본동작 연습

1. PLAYER MISSES BEING HIT
(게임자의 추가카드 MISSING)

① 게임자가 Hit하는 것을 빠뜨리거나 놓치게 되는 경우가 있다면 즉시 담당간부에게 확인시켜야 한다. 게임자는 그 핸드를 포기하거나, 아니면 다른 게임자가 그들의 핸드에 대하여 Hitting을 완전하게 끝난 후에야 진행된다.

딜러의 핸드는 모든 고객의 핸드가 완료될 때까지 Hit해서는 안된다.

② 어떠한 상황 아래서도 카드를 Backed Up해서는 안 된다.

2. 게임자의 불 교정 카드
(INCORRECT NUMBER OF CARDS)

① 오로지 카드 한 장이면 되는 게임자의 핸드에 Hitting신호가 있기 전에 다음 카드를 주었을 경우 게임자가 거절하면 그 카드는 효력이 상실되어 버리는 카드가 된다.

② 카드가 없이 지나버린 게임자의 핸드는 "No Hand"로 간주되어 그 게임자는 다음에 한다.

③ 어느 상황 아래서도 그 카드를 Back up해서는 안된다.

3. 딜러의 불고정 카드
(Dealer Having The Incorrect Number)

① 딜러가 만약에 1st 딜링한 후에 딜러 카드를 갖지 아니하고 게임자에게 2nd 카드를 딜링하는 중이라면 딜러는 모든 게임자의 패에 효력이 있기 전에 그 카드를 게임자에게 그대로 준 다음 딜러의 패를 갖는다.

② 카지노 실무자(영업간부)의 결정에 대하여 논쟁이 있어서는 안된다.

4. IREGULARITIES (불규칙 변화의 대비)

① Shoe 안에서 앞면 상측으로 돌려진 채 발견된 카드는 게임에 사용되어 서는 안된다.

② 실수로 앞면이 보여진 카드는 비록 뽑혀진 카드이지만 Shoe로부터 다음 카드로 사용된다.

③ 처음 두 카드를 각 게임자에게 나뉘어진 후에 실수로 뒤집혀져 그 카드 가 게임자에게 보여졌을 때 이 카드는 Shoe로부터 다음 카드인 만큼 게 임자 혹은 딜러에게 나뉘어지게 된다. 어떤 게임자가 이 카드를 받기를 거절한다면 이번 회 동안에는 추가의 카드는 그 게임자가 받을 수 없다. 마약 그 카드가 모든 게임자에 의해 거절되면 딜러의 세 번째 카드로 사 용된다.

④ 딜러가 17을 가지고 실수로 카드를 추가카드를 받았다면 이 카드는 버려 진다.

⑤ 딜러가 자신의 1st카드를 놓치고 딜링하였을 때 딜러는 각 게임자에게 2nd 카드 딜링까지 계속한 다음 카드 두 장을 자기 몫으로 한다.

⑥ 그 Round 진행이 완료되지 않았는데 Shoe 안에 남아있는 카드가 부족 하다면 Discard Rack 안에 있는 저장된 카드로 절차에 따라서 다시 Shuffle 하여 그 라운드진행을 완료해야 한다.

⑦ 게임자의 핸드에 나뉘어진 카드가 없다면 그 핸드는 효력을 상실한 핸드 이다. 그 게임자는 다음 기회에 포함시킨다. 만약 게임자의 핸드에 나누 어진 카드가 오직 한 장이라면 그건 게임자에게 선택의 권리가 있다

(Live Or Dead Hand).

⑧ 딜러의 카드가 Ace로 보여진 Hole Card 였는데 이를 보지 못하고 게임을 진행시킨 후에 딜러 카드를 Open하고 보니 블랙잭이었다면 이 경우 딜러의 핸드는 21로 계산한다. 만약 게임자의 핸드에 Split 혹은 Double이었다면 원금보다 더 잃게 되는 경우가 있다.

▶ **Bank Roll** / 딜러 바로 앞에 Tray 속에 보관되어 있는 카지노 머니로서 하우스의 게임자본금이다.

▶ **Barber Pole** / Tray속에 있는 B · R Chips Stack 모양의 명칭.

▶ **Base(1st, 2nd, 3rd)** / 테이블에서의 게임자의 배팅 위치를 말한다.

> First Base - 딜러의 왼쪽으로, 처음으로 카드를 받는 게임자.
> Second Base - 딜러의 중앙으로
> Third Base - 딜러의 오른쪽으로, 마지막으로 카드를 받는 게임자.

▶ **Burn** / 게임을 진행하는 장소에서 떠난 카드(버리는 카드). 그것은 Discard Rack에 Face Down으로 보관하며, 게임 시작할 때 두 장 또는 카지노가 정한 장수를 뽑아 버린다.

▶ **Capping** / Placing Money에 Pay Off할 때 그 Bet의 위에다 하는 행위.

▶ **Cut Card** / Shuffle이 끝난 후에 표시를 지시하는 카드(Indicating Card). 이 카드는 게임자에 의하여 사용되어진다.

▶ **Discard Rack(Discard Holder)** / 플라스틱통으로 임시 사용되었던 카드들, 즉 진행되어졌던 카드들을 넣는 곳.

▶ **Double Down** / Any Two Card일 경우 원금의 금액과 동등한 금액을 더 배팅을 하면, Double을 만들 수 있다. 이 때 게임자는 오로지 카드 1장만 Face Down으로 받을 수 있다.

▶ **Drgging** / 카드를 받음과 동시에 배팅 Box로부터 배팅금액을 치우는 행위.

▶ **Drop Box** / 테이블 아래쪽에 걸려 있는 철제 통으로서 현금 또는 Slip등을 넣는 곳.

▶ **Hit** / 카드를 더 받을 수 있는 의사표시.

▶ **Indicating Card** / Shuffle이 끝난 후에 게임자에 의해 표시를 지시하는 카드. 또는 Cut Card라고도 함.

▶ **Insurance** / 딜러의 Face Card(Showing Card)가 Ace일 경우 진행중인 게임 원금의 $\frac{1}{2}$이하를 보험에 걸 수 있다. 딜러가 블랙잭이면 원금을 잃게 되고 보험금액은 2 To 1로 지불한다. 딜러가 블랙잭이 아니면 보험금액을 잃게 되고 게임은

계속된다.

▶ **Call Bet** / 현금이나 칩으로 베팅하지 않고 구두로 베팅하는 것.

▶ **Divide Chip(Marker Chip)** / 칩스 Tray에 있는 칩스를 5개나 10개 또는 20개로 나누어 표시하는 칩스. 크기는 칩스보다 작거나 또는 크며 색깔은 한가지 색으로 한다.

▶ **Box** / 게임자가 베팅할 수 있도록 Layout에 표시된 장소.

▶ **Hand** / 게임자가 한 Box에 베팅하고 카드를 받아 한 게임한 상황.

▶ **Initial Card(Initial Two Card)** / 게임자가 베팅하면 게임자 의사와 관계없이 의무적으로 카드 2장을 받는 것을 뜻함. 또는 Original Card라고도 함.

▶ **Lammer** / 숫자가 기록된 칩으로 한 테이블에서 거래되는 칩들을 표시하여 돈의 양을 알려주는 것이다.

▶ **Limit Board** / 테이블 상에서 Betting 할 수 있는 금액. Minimum과 Maximum을 표시해주는 자그마한 계산 판.

▶ **Paddle** / Drop Box 만으로 통화나 Slip등을 밀어 넣기 위해 만든 플라스틱 장치.

▶ **Pat Hand** / 처음 두 장 카드가 높은 숫자로 나왔거나 통상 Hit 하지 않는 패 (예:17, 18, 19, 20)

▶ **Past Post** / 카드가 나뉘어진 후에 Bet 된 금액을 불법적으로 가져가는 행위.

▶ **Press** / 게임자의 주문에 의하여 원금 위에 더 Adds시키는 것.

▶ **Prove a Hand** / 손님의 주문 사실을 대조, 증명하기 위하여 바로 전의 Hand를 복원시키는 것.

▶ **Scratch** / Hit를 요구하는 행위.

▶ **Shoe** / 카드를 통에 넣고 사용할 수 있게 한 장치

▶ **Soft Hand** / 처음 분배된 카드에서 Ace가 11로 카운트되는 패.

▶ **Split** / First Two Card가 똑같은 숫자인 경우 하나를 갈라서 2Hand로 만들 수 있다. 이때 원금과 동등한 금액을 Bet해야 한다.

▶ **Stand(Stay)** / 카드를 더 받지 않기로 결정하였을 때.

▶ **Stand Off** / 게임자와 딜러가 똑같은 숫자를 가져 누구도 이기지 못할

때.(Push/Tie Hand)

▶ **Stiff Hand** / 12, 13, 14, 15 or 16으로 추가카드를 받으면 Bust 될 확률이 높은 카드.

▶ **Sweeten a Bet** / 카드가 나누어지기 이전에 정당하게 금액을 Adds한 Bet.

▶ **Shuffle** / 카드의 묶음을 똑같이 양쪽으로 나누어 카드 한장씩 잘 섞이도록 하는 동작

▶ **Out Round** / 한 게임이 진행되거나 종료된 상태.

▶ **Tie** / 게임자와 딜러의 카드합이 같은 경우. 또는 Push라고도 함.

▶ **Toke(Tip)** / 감사하는 마음으로 딜러에게 주어지는 것.

▶ **Tray(Rack)** / 게임 칩을 담는 통으로 사용케 한 장치.

〈참 고 문 헌〉

HYATT REGENCY CASINO GAMING MANUAL, (주)남주관광, 1983

CASINO 신입사원 입문과정, (주) 남주관광, 1993

THE DICTIONARY OF GAMING AND GAMING, Thomas L Clark, 1987, LEXIK HOUSE Publishers cold Spring N.Y

CASINO TALK, STEVE KURIEAK, 1985

CASINO MANAGEMENT, Bill Friedman, 1974, Lyle Stuart Inc. Secaucus N.J

BEAT THE DEALER, Edward O Thorpe, 1985, G D C Michigan

CARD COUNTING FOR THE CASINO EXECUTIVE, Bill Zender, 1990

BLACKJACK BELT IN BLACKJACK, Arnold Snyder, 1983, R G E Berkeley CA

Professional Blackjack, Stanford Wong, 1991, Pi Yee Press

Managing Casinos, Ruben Martinez, 1995, Barricade Books Inc.

〈저자소개〉

오 수 철

- 제주내학교 졸업
- 세종대학교 경영대학원 졸업
- Hyatt Regency Cheju 근무
- 제주 하얏트 카지노 근무
  현) 제주관광대학 카지노경영과 교수

저서 : 카지노산업 · 기획론 (백산출판사, 1994)
　　　 카지노경영론 (백산출판사, 1998)
논문 : 제주도 카지노산업 육성방안에 관한 연구, 1996 외 다수

고 택 운

- 경기대학교 관광과 졸업
- 제주대학교 최고경영자과정 수료
- 쉐라톤 워커힐 카지노 근무
- 미국 C.C.L Cerebraction 근무
- 제주 하얏트 카지노 근무
  현) 제주관광대학 초빙교수

저서 : 카지노게임의 실무이론 (독서당, 1995)
논문 : 카지노사업의 환경분석 및 관광산업에 미치는 영향평가의 연구, 1994 외 다수

블랙잭게임

2000년　11월　20일　초판인쇄
2000년　11월　25일　초판발행

　　　　　著　者　오수철 · 고택운
　　　　　發行人　(石江)秦旭相
　　　　　發行處　白山出版社
　　　　　서울특별시 성북구 정릉3동 653-41
　　　　　등 록 : 1974. 1. 9. 제 1-72호
　　　　　전 화 : 914-1621, 917-6240
　　　　　FAX : 912-4438
　　　　　Homepage:www.packsan.co.kr
　　　　　E-mail:packsan@hananet.net

┌─────────┐
│ 저자와의 │
│ 협의로 인지 │
│ 생략함 │
└─────────┘

값 12,000원